Marx et la théorie de l'idéologie

OUSMANE SARR SIMAL

Marx et la théorie de l'idéologie

L'Harmattan

5-7, rue de l'École-Polytechnique ; 75005 Paris

http://www.librairieharmattan.com
diffusion.harmattan@wanadoo.fr
harmattan1@wanadoo.fr

ISBN : 978-2-336-30470-0
EAN : 97823363047000

À Coumba, pour toutes les valeurs inculquées depuis la tendre enfance, pour m'avoir souvent forcé à réciter mes leçons sans pouvoir identifier une seule lettre de l'alphabet.

À Ami, une maman au cœur pur, plus qu'une mère, une vraie confidente, la seule à vraiment pouvoir comprendre mes peines, mes joies et mes doutes. Sans toi……

À mon père Birama, c'est le fruit de ton travail.

À mon père Diaman Diakham, pour tout ce qu'il représente.

À Kara, pour tout.

À mes frères, sœurs, tantes, oncles, pour la grande motivation qu'ils constituent.

À tous mes ami(e)s que je ne saurais citer nommément.

À tous ceux qui, en Afrique et ailleurs, croient à la puissance de la pensée.

À toute ma généreuse famille de Fatick.

À Aicha, un rayon de soleil dans une existence maussade.

À tous les Simalois : on peut quitter Simal, mais Simal ne nous quitte jamais.

Remerciements

Ce travail aurait difficilement existé sans le suivi constant et les remarques toujours avisées de mon ami Stéphane Haber et sans l'intérêt qu'il a toujours manifesté pour mes recherches. Il aurait difficilement existé sans le soutien inconditionnel et la permanente vigilance de Mamoussé Diagne qui ne cesse de me renouveler sa confiance.

L'auteur a également contracté d'importantes dettes intellectuelles envers tous les professeurs du département de philosophie de l'Université Cheikh Anta Diop de Dakar. Qu'ils soient assurés de sa profonde gratitude.

INTRODUCTION

La thématique de l'idéologie apparaît de manière souvent fragmentaire et épisodique dans la pensée marxo-engelsienne. Dès *L'Idéologie allemande*, texte hautement significatif, Marx et Engels nous permettent de nous poser légitiment certaines questions et non des moindres pour comprendre le fonctionnement de l'idéologie dans les sociétés politiques/humaines : l'idéologie, dominante bien sûr, née des conditions matérielles d'existence et entretenue par la classe dominante, peut-elle et doit-elle être considérée comme un reflet illusoire et sans effet externe sur la pratique sociale ? Doit-elle être considérée comme une fausse représentation et perception de la réalité qui ne découle que de la vision étriquée et limitée des dominants ? L'idéologie peut-elle être considérée comme un réel instrument de subordination que les idéologues de la classe dominante utilisent à souhait en vue de perpétuer leur domination ?

Ces questions reformulées autrement donneraient ce qui suit : l'idéologie dominante, qui s'impose comme celle de tous les membres de la société, peut-elle être considérée comme d'une part, un pâle reflet/innocent dans la conscience des dominants et d'autre part, peut-elle être considérée comme un outil savamment utilisé par ceux qui dominent afin de canaliser les dominés et de légitimer leur domination ? L'idéologie, considérée comme l'ensemble des diverses représentations qu'un pouvoir met en place pour légitimer et valider sa domination, n'est-elle pas, suivant l'analyse marxienne, devenue le moyen qu'un système d'exploitation, dont la contradiction structurelle est pourtant manifeste, utilise pour se pérenniser ?

Le renversement idéologique du réel peut-il être considéré comme non intentionnel ? Un tel renversement peut-il est considéré comme un simple fait lié à l'organisation de la classe dominante et dont cette même classe est soumise ? Les réponses à de telles interrogations semblent totalement négatives en suivant les géniales analyses qui apparaissent dans certains textes politiques et économiques de Marx. En effet, il semble établi que la classe dominante, capitaliste naturellement, n'a pu consolider sa domination qu'en ayant des idées claires et nettes sur les conditions de sa domination et de son établissement.

Les idéologues bourgeois en mettant en place des valeurs telles que la liberté, la fraternité, l'équité pour consolider et accompagner la domination bourgeoise, ne s'auto-illusionnent pas : ils veulent au contraire mystifier les autres qui n'appartiennent pas à leur classe. Ce qui revient à dire, en termes très clairs, que l'idéologie n'est pas uniquement un reflet, un reflet innocent ou non intentionnel. Elle joue, à n'en pas douter, un rôle crucial dans l'organisation et le fonctionnement de la société, elle dissimule intentionnellement un rapport social de domination/ exploitation. Ainsi, on peut affirmer, et dès *L'Idéologie allemande,* que Marx assigne une certaine fonction à la représentation idéologique qui dépasse le pur et simple cadre de reflet non intentionnel. *L'Idéologie allemande* confirme une telle idée en liant l'existence de l'idéologie à l'existence de la division du travail :

> « La division du travail ne devient effectivement division du travail qu'à partir du moment où s'opère une division du travail matériel et intellectuel. À partir de ce moment, la conscience peut vraiment s'imaginer qu'elle est autre chose que la conscience de la pratique existante, qu'elle représente réellement quelque chose sans représenter quelque chose de

> réel. À partir de ce moment, la conscience est en état de s'émanciper du monde et de passer à la formation de la théorie "pure", théologie, philosophie, morale, etc. Mais, même lorsque cette théorie, cette théologie, cette philosophie, cette morale, etc., entrent en contradiction avec les rapports existants, cela ne peut se produire que du fait que les rapports sociaux existants sont entrés en contradiction avec la force productive existante. »[1]

Marx essaie de montrer que l'existence d'une certaine frange composée de spécialistes de l'idéologie (idéologues par excellence) permet à l'idéologie de se maintenir et de se perpétuer dans une sphère autonome en apparence. Cette classe, issue de la division du travail qui ne reflète que l'accroissement et le développement de la production matérielle, favorisera l'existence d'une représentation imaginaire et fausse de l'ordre réel. Une telle classe inversera l'ordre social ou sa vérité tout en l'exprimant dans un tel renversement, car l'idéologie dominante ne vit conformément à sa fonction que sur ce renversement de l'ordre social.

Les pages qui suivent auront pour vocation d'examiner de façon rigoureuse la fameuse théorie marxienne de l'idéologie. Elles mettront en lumière, la tension qui s'installe dans la pensée de Marx entre deux conceptions de l'idéologie, en se fondant la plupart du temps sur quelques textes majeurs, *L'Idéologie allemande* et *Le Capital.* Si on choisit, souvent, de ne pas faire appel à certains textes de Marx et d'Engels, c'est d'une part, pour ne pas alourdir notre propre texte, et d'autre part, pour des raisons de pure et simple objectivité. L'étude serrée de certains textes de Marx et d'Engels ne fera que confirmer, à notre avis, les conclusions auxquelles les analyses rigoureuses de

[11] Karl Marx et Friedrich Engels, *L'Idéologie allemande*, Paris, Éditions Sociales, 1968, p. 60.

L'Idéologie allemande et du *Capital* nous permettront de parvenir.

L'objectif de ce travail est d'essayer d'établir une jonction originale entre la thèse marxienne selon laquelle l'idéologie dépend de la base matérielle et son autonomie n'est qu'une simple illusion et la thèse marxienne selon laquelle l'idéologie peut jouer un rôle effectif dans l'organisation sociale, elle peut être un instrument qu'utilise la classe dominante pour légitimer et valider sa domination.

CHAPITRE I

CRITIQUE DE L'IDÉOLOGIE DANS *L'IDÉOLOGIE ALLEMANDE*

> « L'idéologie désigne ainsi une structure qui imprègne la conscience historique de la croyance en la nécessité et la justice de son type d'organisation sociale. Le concept d'idéologie est alors : celui de la réduction de la conscience historique à des intérêts matériels, celui de la dimension politique de la conscience et de la théorie, celui d'une dénégation du politique, celui d'une inversion idéaliste et anhistorique qui trouvent leur expression la plus pure dans la philosophie. »[2]

L'Idéologie allemande s'articule autour de la remise en cause du faux rapport de la philosophie jeune hégélienne à l'illusion idéologique. Le texte des deux amis, Marx et Engels, critique objectivement la fausse critique de la jeune philosophie hégélienne à l'idéologie entendue comme production de fausses idées sur la réalité et considérée comme la production du monde par de telles idées. Dès l'entame de leurs propos, Marx et Engels essaient de montrer comment la philosophie classique allemande critique l'illusion idéologique ; ils essaient d'emblée de critiquer en retour cette critique de la philosophie classique allemande considérée elle-même comme idéologique. Dit en d'autres termes, *L'Idéologie allemande*, tout au début, met en lumière, avant de la critiquer, la philosophie critique de la jeune philosophie hégélienne.

---

[2] Emmanuel Renault, *Marx et l'idée de critique*, Paris, PUF, 1995, p. 85.

Dire que la philosophie représente dans le texte marxo-engelsien, *L'Idéologie allemande*, l'idéologie par excellence peut à première vue sembler une entreprise périlleuse et difficilement soutenable. Mais, en se référant aux différentes connotations que le concept ou la d'idéologie épouse chez Marx, une telle entreprise peut logiquement se justifier.

En effet, chez Marx, le concept d'idéologie regorge plusieurs sens : l'idéologie peut avoir une connotation philosophique, une connotation politique et une connotation économique. Un tel constat justifie notre volonté de mettre en évidence ce que Marx entend par idéologie dans *L'Idéologie allemande* et de voir comment il essaie de remettre en cause la connotation philosophique de l'idéologie dans ledit texte.

On pourrait logiquement réduire notre étude sur l'idéologie à la simple critique philosophique contenue dans *L'Idéologie allemande*, texte dans lequel une telle problématique est développée de manière plus systématique et détaillée. Cependant, à y regarder de plus près, une telle étude serait réductrice. En effet, même si *L'Idéologie allemande* occupe une place importante dans cette problématique, un tel texte ne l'épuise pas pour autant. Cette dernière ressurgit, même si c'est souvent de manière fragmentaire, dans d'autres textes. Ce qui fait qu'on essaiera, tant bien que mal, de voir ce que Marx en dit dans d'autres textes qui souvent complètent et élaborent de manière beaucoup plus rigoureuse la problématique telle qu'elle est exposée dans *L'Idéologie allemande*. En un mot, la problématique de l'idéologie, même si elle fait l'objet d'une étude systématique dans le fameux texte de *L'Idéologie allemande,* ne disparaît pas dans les autres textes marxiens.

Cependant, il faut rigoureusement noter que l'étude d'une telle problématique se limite souvent dans le texte marxo-engelsien à une critique de la philosophie de l'Allemagne contemporaine. Une telle philosophie voulant régler les problèmes des rapports entre sujet et objet, pensée et être, finit, à en croire Marx, par s'aliéner, car la solution qu'elle donne aux problèmes de ces divers et différents rapports n'en est pas une. Fort de ce constat, on peut se poser les questions théoriques suivantes : pourquoi Marx affirme que la philosophie de l'Allemagne contemporaine est aliénée ? Pourquoi une telle philosophie est considérée, dans *L'Idéologie allemande*, comme l'idéologie par excellence ? Comment Marx rétablit-il les véritables rapports entre être et pensée ? De telles questions théoriques trouvent des tentatives de réponses dans les pages suivantes qui essaient tant bien que mal de faire une étude assez systématique de *L'Idéologie allemande* afin de mieux dégager, par une analyse rigoureuse et serrée, le sens que Marx confère à la notion d'idéologie dans ledit texte. Il est vrai que, c'est un fait important à souligner, dans *L'Idéologie allemande*, la polémique que Marx engage avec les divers courants de l'idéalisme hégélien a tendance à faire disparaître les géniales analyses qui abordent des questions contemporaines de la notion d'idéologie.

1- Critique de la philosophie classique allemande

> « *L'Idéologie allemande* est structurée par l'antithèse de l'illusion idéologique et de la vérité scientifique. Si la philosophie est rangée du côté de l'idéologie, le propos marxien s'installe sous les auspices de la science. »[3]

En 1789 les Français avaient fait leur révolution politique afin de rendre conformes les exigences de la raison à la réalité politique. Les Allemands, ne pouvant pas à l'époque transformer leur réalité politique, étaient très avancés dans le champ théorique notamment dans le champ philosophique, à leur sous-développement politique correspondait paradoxalement un surdéveloppement théorique extraordinaire :

---

[3] Emmanuel Renault, *Marx et l'idée de critique*, *op. cit.*, p. 86.

> « Nous sommes, *dit Marx,* sur le plan philosophique, les contemporains de l'actualité, sans en être historiquement les contemporains. La philosophie allemande est le prolongement idéal de l'histoire allemande. »[4]

En effet, la bourgeoise allemande n'était pas assez développée à l'époque pour faire, à l'instar des Français, une révolution politique ou pratique. Le problème qui dominait, à cette période en Allemagne, était celui des rapports[5] du sujet

[4] Karl Marx, « Critique de la philosophie du droit de Hegel. Introduction », in Karl Marx et Friedrich Engels, *Sur la religion,* Paris, Éditions Sociales, 1972, p. 47.

[5] Soulignons que le concept d'aliénation ou d'idéologie reflète une réelle problématique philosophique : la problématique du dualisme sujet/objet. Le sujet est confronté à son autre, au monde extérieur et il risque de s'y perdre, de ne plus s'y reconnaître. L'aliénation ne signifierait rien d'autre que la perte du sujet dans l'objet, dans l'extériorité, dans l'autre du sujet. La philosophie moderne a tenté de résoudre une telle opposition, un tel dualisme. Kant essaiera d'ailleurs d'inscrire le rapport sujet/objet dans le sujet lui-même. Autrement dit pour Kant, l'extériorité n'est posée que par le sujet, le sujet poserait ainsi l'objet. Cependant, on assistera avec Hegel à une analyse assez originale du fameux rapport sujet/objet. Chez Hegel, l'aliénation (*Entfremdung*) s'identifiera très sensiblement à l'extériorisation (*Entäusserung*). En termes clairs, l'objet n'est que le résultat d'une certaine extériorisation du sujet, il permet au sujet de faire un retour à soi. Cette problématique du rapport sujet/objet permet, à Marx et à Feuerbach et à des marxistes comme Georg Lukács, de reconsidérer la thématique de l'aliénation et de lui fournir des contenus originaux. Le fait d'affirmer que le dualisme sujet/objet n'est que celui du sujet lui-même, peut pousser à penser qu'il y a une scission du sujet : l'autre devient ce qui cause la perte du sujet, ce qui fait que le sujet devient étranger à lui-même. Ainsi, avec les approches de Marx et de Feuerbach, de Marx particulièrement, la thématique de l'*Entäusserung* devient assez rare (elle existe en filigrane dans les *Manuscrits de 1844*), l'*Entfremdung* étant la thématique centrale. Marx ne cherche plus à parler de l'extériorisation, mais à montrer pourquoi et comment le sujet qui pose l'autre, se perd et devient l'objet de ce qu'il avait posé au départ. C'est d'ailleurs, sans aucun doute, cette originalité de Marx dans la façon de concevoir l'aliénation qui va favoriser et donner la possibilité à son réinterprétation et réinvestissement en une thématique de *Verdinglichung* malgré les limites de celle-ci (il faut se référer à notre récent ouvrage

c'est-à-dire de l'homme et de l'objet c'est-à-dire le monde extérieur comme le souligne avec justesse Bottigelli :

> « Si l'on considère l'évolution de la pensée allemande de Kant à Hegel, c'est bien le problème du sujet-objet qui en constitue le dénominateur commun. »[6]

Hegel, figure de l'idéalisme absolu[7], essaiera dans ses écrits de résoudre ce problème du rapport sujet/objet en intégrant le monde contradictoire à la pensée. Pour lui, le devenir historique est la réalisation progressive de l'Esprit et les différentes étapes historiques souvent contradictoires ne sont que les moments de l'auto-développement de l'Esprit. Le monde extérieur est une création ou une manifestation de l'Esprit, c'est ce dernier qui régente le monde, cela revient à dire que les contradictions du monde ne reflètent que celles de la pensée, l'ordre de la pensée explique l'ordre du monde.

La philosophie hégélienne est la prise de conscience du devenir qui conduit l'Esprit à travers son extériorisation dans la nature au retour à soi. Elle est le savoir de la totalité, de la vérité. La vérité du réel réside dans l'Idée, le réel est inséparable de la pensée, il s'exprime dans la pensée. Les déterminations des choses sont des déterminations de la pensée, la pensée et l'être sont identiques, mais une telle identité implique une différence ou une négativité comme le souligne fort bien Axelos :

---

intitulé *Le problème de l'aliénation. Critique des expériences dépossessives de Marx à Lukács*, (« Chapitre II. Lukács ou le triomphe de l'aliénation subjective) », Paris, L'Harmattan, Décembre 2012). Car là où Marx comprend l'aliénation comme une perte du sujet dans ce qu'il a posé, la thématique de *Verdinglichung* comprend l'aliénation comme un mode d'être des choses qui domine les hommes, une réalité autonome qui domine le monde humain, une domination du sujet par l'objet.

[6] Emile Bottigelli « Présentation des *Manuscrits de 1844* » p. XII, in Karl Marx, *Manuscrits de 1844*, Paris, Éditions Sociales, 1969.

[7] Une telle idée nous semble être confirmée par Jacques D'hondt en ces termes : « Hegel parachève le mouvement de l'idéalisme allemand », *De Hegel à Marx*, Paris, PUF, 1972, p. 121.

> « La philosophie, *dit-il*, "la pensée spéculative" est indissolublement logique-et-ontologique ; elle est savoir de l'être et savoir de soi, connaissance du monde et connaissance de soi. La pensée est identique à l'être, l'être est pensée. »[8]

Hegel résout donc l'opposition du sujet/objet, car la conscience reprend toujours en elle-même l'objectivité extérieure qui du reste est une aliénation nécessaire de l'Esprit. Cela signifie que pour Hegel l'opposition entre le sujet et le monde extérieur n'est en fin de compte qu'une ruse que le sujet se donne pour parvenir à sa propre connaissance.

Hegel réintègre le réel à la pensée qui constitue la vérité de tout ce qui existe, la pensée a son véritablement fondement en elle-même :

> « Le spirituel seul est l'effectif ; il est l'essence ou ce qui est en soi, ce qui est en-relation ou déterminé, l'être-autre et [l'] être-pour-soi – et [ce] qui dans cette déterminité ou son être-hors-de-soi demeure dans soi-même ; – ou il est en et pour soi. »[9]

La pensée, c'est ce qui est, et ce qui est, c'est la pensée. L'Esprit en s'extériorisant devient autre, sa nature lui devient étrangère, il ne se reconnaît plus dans son extériorisation, dans la nature extérieure. Une telle extériorisation nécessaire permet à l'Esprit de se réintégrer, de se réconcilier avec sa véritable nature après les multiples oppositions. La conscience de soi et le monde arrivent à s'unir, à dépasser la séparation. En un mot, l'histoire universelle est le lieu de réalisation de l'Esprit dans le temps, l'histoire universelle est

---

[8] Kostas Axelos, *Marx penseur de la technique*, Paris, Éditions de Minuit, 1961, p. 34.

[9] G. W. F. Hegel, *Phénoménologie de l'esprit,* Traduction et notes par Gwendoline Jarczyk et Pierre Jean Labarrière, Éditions Gallimard, 1993, p. 39.

dans le devenir de l'unité de l'être et du néant, le néant étant inhérent au processus de réalisation de la totalité.

Pour Hegel, dans l'aliénation (le monde extérieur qui paraît étranger à la conscience), c'est-à-dire dans *l'être-autre*, l'Esprit est pourtant dans soi-même sans s'en rendre compte de manière immédiate. La phénoménologie est le mouvement qui permet à l'Esprit de parvenir à la connaissance de lui-même, elle est l'Esprit se sachant comme Esprit dans le temps. Elle décrit ce mouvement de progression du savoir, ce mouvement qui va des premières et/ou immédiates vérités aux vérités absolues, de la conscience sensible (savoir premier et immédiat) au savoir proprement dit. L'aliénation est le fameux et rigoureux chemin que se fraye la conscience pour parvenir à la science ou au savoir absolu.

Ceci montre d'une manière ou d'une autre que l'aliénation chez Hegel en plus d'être le moyen de parvenir à la vérité, est une nécessité absolue. La suppression d'une telle aliénation permet la réconciliation de l'en soi et du pour soi (la suppression est en même temps une conservation). Ainsi, le savoir de l'Esprit et le savoir du monde extérieur deviennent identiques, deviennent une seule et même chose.

L'aliénation de l'Esprit au temps montre, à la fin du mouvement progressif de ce dernier, que le savoir qu'il a de lui-même est identique au savoir qu'il a du monde extérieur ou de l'objet. En un mot, c'est l'Esprit qui se fait monde ou qui s'extériorise dans le monde : le monde est le déploiement de l'Esprit dans le temps ou dans l'histoire.

Les images anthropologiques et cosmologiques que Hegel utilise dans la *Phénoménologie* montrent d'une certaine manière que les moments déployés lors du processus évolutif de l'Esprit désignent la sortie de soi et le retour dans soi du concept. Les nouvelles figures qui apparaissent lors du processus ne désignent pas une cessation du mouvement dialectique, elles désignent plutôt un nouveau déploiement de l'Esprit dans des figures nouvelles.

L'Esprit dans son mouvement dialectique progresse vers le meilleur, vers sa propre connaissance. L'Esprit s'aliène, se pose comme autre ; à travers cet acte de se poser et de s'opposer en même temps ''devenir autre à soi''[10], il réussit à se réconcilier avec soi-même. Autrement dit, à travers ce *devenir autre à soi,* il s'enrichit et parvient à la véritable connaissance de soi. L'effectivité ne résulte que du procès de l'Esprit, un tel procès révèle la vérité de l'Absolu :

> « Il *[l'absolu]* est le devenir de soi-même, le cercle qui présuppose son terme comme sa fin et [l'] a pour commencement, et n'est effectif que par l'exécution et son terme. »[11]

Pour Hegel expliquer et saisir la marche historique du monde revient à comprendre l'Esprit, car le monde n'est rien d'autre que la manifestation de l'Esprit dans le temps. Ainsi, les contradictions entre pensée et être sont résolues par Hegel, car il considère la pensée comme la réalité première capable d'expliquer et de rendre compte de ce qui existe dans le monde extérieur. Les nombreuses contradictions du monde trouvent leur solution et leur explication dans et par la pensée[12]. Ce qui revient à dire que le monde en lui-même n'a

---

[10] *Ibid.*, p. 34.

[11] *Ibidem.*

[12] Hegel, dans *La philosophie de l'histoire*, Librairie générale française, 2009, montre que comprendre la marche historique consiste à comprendre l'Esprit qui s'y manifeste, il faut essayer de comprendre de manière rationnelle les événements historiques. Une telle marche historique se fait dans le dos des hommes et souvent contre leurs désirs car ils sont mus par une puissance qui leur est supérieure : l'Esprit. Les événements des différents peuples ne sont que le séjour de l'Esprit dans ces peuples, l'histoire est par conséquent l'histoire de l'Esprit. L'histoire reflète l'Esprit, l'Esprit s'objective dans l'histoire. Dans l'œuvre humaine, c'est l'Esprit qui s'y reconnaît ; les formes de la vie sociale expriment l'Esprit grâce à l'action des hommes. L'Esprit ruse avec les hommes, car ces

pas de principe explicatif, en saisir l'essence, revient à comprendre la réalité qui le régente à savoir l'Esprit.

Les transformations sociales qui se passent sur la scène mondiale sont toujours précédées par des transformations silencieuses qui se passent au niveau de l'Esprit, les transformations internes expliquent et déterminent celles externes que l'on aperçoit. Autrement dit, les événements historiques s'expliquent par les révolutions spirituelles ou par le travail interne de l'Esprit. L'exemple que Hegel utilise dans la *Phénoménologie* est explicite à cet égard. En effet, selon Hegel, avant la naissance de l'enfant ou le surgissement quantitatif, il y a un travail interne et qualitatif qui conditionne et précède la naissance de l'enfant. Hegel intègre les expériences historiques à la pensée, sa philosophie de l'histoire n'étant que le développement de l'Esprit à travers les différents moments qui sont les esprits particuliers des peuples particuliers comme l'attestent fort bien les propos suivants :

> « Sa dialectique *[celle de Hegel]*, avant d'être logique, est d'abord un effort de la pensée pour appréhender le devenir historique et réconcilier le temps et le concept. »[13]

On note qu'avec Hegel le problème qui avait dominé la philosophie allemande, le problème du rapport sujet/objet avait trouvé une certaine solution. Les oppositions de l'homme et de la nature étaient transposées sur le plan de la pensée. Elles étaient intégrées par la philosophie hégélienne. Cette conception hégélienne qui défendait un idéalisme absolu allait avoir une influence considérable sur les disciples de Hegel, les philosophes de l'Allemagne contemporaine :

---

derniers ne savent pas que les actions qu'ils accomplissent ne sont au fond que la volonté de l'Esprit : « La raison gouverne le monde », p. 71.

[13] Jean Hyppolite, *Introduction à la philosophie de l'histoire de Hegel*, Éditions du Seuil, Novembre 1983, pp. 33-34.

> « Ce fut une révolution au regard de laquelle la Révolution française n'a été qu'un jeu d'enfants, une lutte mondiale qui fait paraître mesquins les combats des Diadoques. »[14]

Faisons une petite digression théorique afin de préciser les grandes idées qui structurent l'usage hégélien de l'*Entfremdung* dans *La Phénoménologie de l'esprit*[15]. On peut d'emblée affirmer, avant même d'analyser l'usage du terme aliénation dans *La Phénoménologie de l'esprit,* qu'en dehors du chapitre 6 qui porte sur « L'Esprit » et de la sous-partie intitulée « L'Esprit aliéné de soi. La culture », les usages du fameux concept d'*Entfremdung* ne sont pas abondants, ils laissent entrevoir plusieurs interprétations. En un mot, dans les autres parties du texte hégélien, les usages du concept *Entfremdung* mettent plus en relief le mouvement de se projeter vers l'extérieur lié à la nature même de l'Esprit et le mouvement de retour à soi. Ils mettent en évidence la tendance qu'a l'Esprit à se projeter dehors et le mouvement de retour à soi. Ce que sans doute les termes *Äusserung* et *Entäusserung* ne sauraient mettre en relief :

> « Mais l'esprit s'est montré à nous n'être ni seulement l'acte de se retirer de l'autoconscience dans son intensité pure, ni la pure immersion de cette même [autoconscience] dans la substance et le non-être de sa différence, mais ce mouvement du Soi qui s'extériorise de soi-même et

---

[14] Karl Marx et Friedrich Engels, *L'Idéologie allemande*, *op. cit.*, p. 41.

[15] Nous utilisons la traduction de Jarczyk et Labarrière, qui à notre avis permet de mettre davantage les rapports qui peuvent exister entre l'usage hégélien de l' « aliénation » et l'usage que le jeune Marx en fera, ce qui est important à plus d'un titre. Autrement dit, une telle traduction permet de voir que l'*Entfremdung* hégélien est assez proche de l'aliénation des *Manuscrits* même si dans les *Manuscrits parisiens Entfremdung* et *Entäusserung* s'entremêlent souvent. Hegel utilise lui-même l'*Entfremdung* dans un sens rigoureusement précis même si dans son fameux texte phénoménologique le terme n'est pas utilisé de manière abondante ; ce qui signifie que dans le texte hégélien, nous ne sommes pas au niveau que le terme atteindra dans les *Manuscrits*.

> s'immerge dans une substance et, à partir d'elle, est aussi bien allé dans soi comme sujet, et fait [aussi bien]d'elle l'ob-jet et [le] contenu, qu'il sursume cette différence de l'ob-jectivité et du contenu. Cette première réflexion à partir de l'immédiateté est l'acte de se différencier du sujet par rapport à sa substance, ou le concept se dédoublant, l'aller-dans-soi et devenir du Je pur. En tant que cette différence est l'agir du pur Je=Je, le concept est la nécessité de l'éclosion de l'être là qui a la substance pour essence et subsiste pour soi. »[16]

Chez Hegel, il est évident, l'étant n'a besoin de rien pour s'exprimer. Il s'exprime naturellement soi-même et de soi-même, le retour de soi symbolisant l'identité c'est-à-dire la fin du processus de l'autodéploiement. C'est comme qui dirait que le sujet agissant et effectif en toute chose, se manifeste de manière autonome et demeure dans son automouvement. L'aliénation désigne ainsi le moment de la différence au cours de l'automouvement du sujet, différence essentielle et fondamentale :

> « La substance vivante est en outre l'être qui [est] en vérité sujet, ou ce qui veut dire la même chose, qui est en vérité effectif seulement dans la mesure où elle est le mouvement du se poser soi-même, ou la médiation avec soi-même du devenir autre à soi. Elle est, comme sujet, la pure négativité simple, par là justement le dédoublement du simple, ou le redoublement op-posant, qui est à nouveau la négation de cette diversité indifférente et de son opposition ; c'est seulement cette égalité se rétablissant ou la réflexion dans soi-même dans l'être-autre – non une unité originaire comme telle, ou immédiate, qui est le vrai. Il est le devenir de soi-même, le cercle qui présuppose son terme comme sa fin et [l'] a pour commencement, et n'est effectif que pour l'exécution et son terme. »[17]

---

[16] Hegel, *Phénoménologie de l'esprit II*, *op. cit.*, p. 928.
[17] Hegel, *Phénoménologie de l'esprit I*, *op. cit.*, p. 34.

Dans son analyse de la « religion manifeste », Hegel souligne, nous semble-t-il, deux manières de “devenir étranger”. Hegel semble apporter une certaine inflexion dans son usage indéterminé de l’aliénation en tant qu’extériorisation totale. En effet, pour Hegel le Bien et le Mal ne sont en réalité que deux manifestations de Dieu lui-même, deux choses qui dominent le monde humain du fait de leur origine commune (la lutte des contraires).

D’une telle approche, Hegel semble affirmer que d’une part la vision chrétienne de l’histoire (vision théologique) montre sous une forme préscientifique ou non systématique l’idée que l’histoire est mue par la lutte, par les oppositions, les contradictions (sens assez théologique de la pensée de l’aliénation). Le christianisme anticiperait, à suivre une telle possibilité de lecture qu’offre le texte hégélien, de façon purement et simplement mystique ce que la philosophie représenterait de façon purement rationnelle : l’Absolu. Cependant, dans son texte, Hegel semble d’autre part ne pas vouloir épouser une telle conception pour montrer que les deux choses à savoir le Bien et le Mal qui ont la même origine ne sont que des manifestations accessoires de Dieu :

> « Le bien et le mal étaient les différences déterminées de la pensée qui se dégagèrent. En tant que leur opposition ne s’est pas encore résolue, et [qu’] elles se trouvent représentées comme essences de la pensée dont chacune pour soi est autostante, l’homme est alors le Soi dépourvu d’essence et le terrain synthétique de leur être-là et de [leur] combat *[...]* Ce qui, dans l’esprit purement pensé, est signifié seulement comme le devenir-autre de l’essence divine en général se rapproche de sa réalisation pour l’acte de représenter ; elle [= la réalisation] consiste pour lui [= pour l’acte de représenter] dans l’auto-abaissement de l’essence divine qui renonce à son abstraction et ineffectivité. – L’autre côté, le mal, le représenter le prend comme un survenir étranger à l’essence divine ; le saisir dans cette même [essence] elle-même, comme son

courroux, est l'astreinte suprême, la plus dure, du représenter combattant avec soi même [astreinte] qui, étant donné que lui fait défaut le concept, demeure infructueuse. »[18] Comme il apparaît ainsi dans l'analyse hégélienne, l'aliénation signifierait deux choses à la fois : la scission du Bien et du Mal qui ont une origine commune et la sortie même de cette origine commune, dans tous les deux cas, il y a un "devenir étranger" à quelque chose ou à soi-même.

Cependant, il faut souligner que le texte hégélien malgré l'usage du concept d'aliénation qui fait référence au champ religieux ne saurait permettre une certaine interprétation hégélienne de l'aliénation : une pure et simple interprétation théologico-chrétienne (trinité : Père- Fils- Saint Esprit), Hegel n'infléchit pas son texte dans une telle perspective, la dimension historico-anthropologique de l'aliénation est fort présente dans son texte, ce qui veut dire que Hegel n'oblige nullement à porter l'accent sur une seule dimension en reléguant l'autre au second plan.

Le concept d'aliénation à ce niveau d'analyse dans le texte hégélien n'a pas une portée religieuse, elle a plutôt une portée dialectique. Il veut mettre en relief le moment où existe une certaine distance critique sur l'être-là posé et la suppression d'un moment. Ainsi, on peut affirmer d'une certaine manière que dans le texte hégélien, il faut parler d'aliénation (dans un sens souvent imprécis d'ailleurs) et non pas d'expression ou d'extériorisation pour expliquer l'automouvement de l'Esprit qui fait que l'immédiateté ou la donnée première subit des changements qui nécessitent la perte de soi ou la sortie hors de soi qui signifie en même temps contact avec l'autre. Les notions de sérieux, de douleur, de patience et de travail du négatif corroborent cela. À cette conception de l'aliénation pas trop structurée pas

[18] Hegel, *Phénoménologie de l'esprit II. op. cit.,* pp. 897-898.

rigoureusement spécifiée, s'oppose dans certains passages du texte hégélien, un autre aspect de l'aliénation où la précision sémantique est assez manifeste : Hegel passe dans le chapitre 6 « L'Esprit » et notamment dans la section B intitulée « L'Esprit aliéné de soi. La culture », d'un aspect phénoménologique de l'aliénation à un aspect historico-social de l'aliénation.

Au tout début du chapitre 6 de la *Phénoménologie de l'esprit*, Hegel affirme très clairement ce qui suit :

> « La raison est esprit en tant que la certitude d'être toute réalité [est] élevée à la vérité, et [qu'] elle est consciente d'elle-même comme de son monde et du monde comme d'elle-même. »[19]

De tels propos montrent d'une certaine manière la tendance du sujet à vouloir se dépasser, à dépasser sa propre création afin d'atteindre l'Absolu. Le sujet se pose pour se nier ensuite dans un but bien déterminé. Ainsi, pour atteindre un tel Absolu, Hegel met en place l'être social et ses différentes expériences pratiques. Le sujet est intimement lié au monde, à son monde riche et enrichi par lui-même.

Pour Hegel, l'Esprit doit faire du monde son œuvre et fournir une connaissance totale et exacte du monde, de son monde (le monde étant la création de l'Esprit) et s'employer en fonction d'une telle connaissance du monde. Hegel veut faire ressortir la dimension historico-anthropologique de l'aliénation. L'Esprit doit logiquement non seulement s'auto-poser mais s'approprier le monde extérieur et réintégrer la différence.

Pour Hegel, la substance éthique ou l'éthicité doit exister par le travail des individus : la dimension intersubjective est totalement mise en relief. L'éthicité n'est réalisée que quand existe entre les individus et les institutions érigées, une

[19] Hegel, *Phénoménologie de l'esprit I*, *op. cit.*, p. 418.

conformité effective. L'éthicité ne saurait exister quand l'individu s'enferme dans son cocon et n'obéit qu'à ses injonctions intérieures. En un mot, l'éthicité n'est réalisée que quand l'activité individuelle se pose aussi bien comme activité que comme une réalité conforme aux institutions rigidement et fortement érigées :

> « L'esprit est, dans sa vérité simple, conscience, et disjoint ses moments les uns des autres. L'opération le sépare dans la substance et la conscience de cette même [substance] ; et sépare tout aussi bien la substance que la conscience. La substance [entendue] comme essence et fin universelles, vient se faire face comme l'effectivité singularisée ; le moyen terme infini est l'autoconscience, qui, en soi unité de soi et de la substance, le devient maintenant pour soi, réunit l'essence universelle et son effectivité singularisée, élève celle-ci à celle-là, et opère éthiquement, – et abaisse celle-là [=l'essence] à celle-ci [=l'effectivité], et exécute la fin, la substance seulement pensée ; elle [=l'autoconscience] fait venir au jour l'unité de son Soi et de la substance comme son œuvre, et par là comme effectivité. »[20]

L'être social qu'étudie Hegel est un sujet réel qui porte quelque chose qui naturellement le dépasse, mais qui ne se manifesterait pas si un tel sujet dans lequel l'Esprit s'incarne, n'existait pas. Le sujet social est ainsi le moyen par lequel l'essence de l'éthicité s'éprouve et éprouve sans doute sa précarité.

Hegel dans les derniers passages du chapitre 6 de son texte montre que dans l'harmonie entre la subjectivité individuelle et le collectif, il faut plutôt y voir une vie réellement fondée sur la substantialité éthique. Pour Hegel, la vie sociale est gouvernée par des instances que les hommes ont eux-mêmes créées et qui rendent l'activité de la subjectivité individuelle possible. Ainsi s'employer dans une telle vie sociale, c'est entrer en relation avec des institutions

[20] *Ibid.*, pp. 422-423.

dans lesquelles l'activité individuelle peut s'exprimer et se reconnaître. Cependant, dans une telle vie sociale, il existe des contradictions qui font que l'harmonie entre les instances suprêmes et l'activité individuelle se trouve temporairement rompue, cette fameuse harmonie rompue laisse place à une certaine disharmonie. C'est dans l'analyse de cette disharmonie que Hegel emploie le terme d'*Entfremdung*.

Dès le début de la section B du chapitre 6, l'usage du terme *Entfremdung* laisse entrevoir l'usage qu'en fera le jeune Marx, le Marx des *Manuscrits parisiens* :

> « La substance éthique maintenait l'opposition incluse dans sa conscience simple, et celle-ci en unité immédiate avec son essence. L'essence, pour cette raison, a la déterminité simple de l'être pour la conscience qui immédiatement [est] dirigée vers elle, et dont elle est l'ethos ; ni la conscience ne vaut pour soi comme ce Soi excluant, ni la substance n'a la signification d'un être-là exclu de lui, avec lequel elle n'aurait à se poser une-chose que par l'aliénation de soi-même, et en même temps à la produire au jour [=la substance]. » [21]

Hegel semble affirmer qu'il y a une situation dans laquelle les individus agissent certes, mais sans pour autant avoir la maîtrise totale de leurs diverses actions. Les créations humaines échappent aux hommes. Toutes les institutions humaines échappent à leurs créateurs et les dominent, et, c'est sans doute dans le fait d'échapper et de dominer les humains que réside l'aliénation, c'est même ce processus qu'il conviendrait d'appeler aliénation, un tel processus est une réelle aliénation :

> « La substance est de cette manière esprit, unité autoconsciente du Soi et de l'essence, mais tous deux ont eux aussi la signification de l'aliénation l'un pour l'autre. Il [=l'esprit] est conscience d'une effectivité ob-jective pour

[21] *Ibid.*, pp. 463-644.

> soi libre, mais à cette conscience fait face cette unité du Soi et de l'essence, à la [conscience] effective la conscience pure. D'une part, l'autoconscience effective, par son extériorisation, passe dans le monde effectif, et celui-ci dans celle-là en retour ; mais, d'un autre côté, c'est justement cette effectivité, aussi bien la personne que l'ob-jectivité, qui est sursumée ; elles sont purement universelles. Cette aliénation qui est leur est la conscience pure ou l'essence. Le présent a immédiatement l'opposition en son au-delà, qui [est] son penser et [son] être-pensé ; tout comme celui-ci en l'en-deçà, qui est son effectivité devient aliénée de lui. »[22]

Hegel met en évidence l'aliénation sociale. Le "devenir étranger" des mondes créés par les hommes les empêche de les maîtriser. L'aliénation deviendrait ainsi les situations dans lesquelles la subjectivité individuelle perd son autonomie, sa capacité créatrice et devient dépendante des réalités suprahistoriques. En effet, à en croire Hegel, l'activité individuelle qui désire créer une réalité qui corresponde à ses aspirations, trouve un monde qui semble le satisfaire, mais un tel monde s'autonomise rapidement. Le terme aliénation apparaît ainsi pour désigner la constitution d'un monde autonome qui s'oppose à l'activité individuelle, un tel monde s'autopose ou semble s'autoposer ; cette action de s'autoposer empêche aux individus créateurs du monde de le reconnaître comme le leur propre.

Dans la suite de son analyse, Hegel met en évidence l'idée d'une aliénation émanant d'une totale dépréciation du monde de l'activité en raison de la projection vers un certain au-delà. Ce monde, cet au-delà, est une illusion, car il s'oppose au monde présent ou profane. Ce que l'individu gagne ainsi n'est qu'un monde qui finit par devenir autonome par rapport à ses créateurs.

L'analyse de l'aliénation passe de l'étude de certains phénomènes de l'activité individuelle à celle de l'analyse des

---

[22] *Ibid.*, p. 465.

mondes sociaux. Et, il apparaît d'une certaine manière que Hegel ouvre une brèche dans laquelle Feuerbach et Marx vont s'engouffrer (critique du ciel à la critique de la terre). Une telle thèse peut être corroborée car dans la *Phénoménologie* le terme *Entfremdung* veut remettre en cause le dualisme spécifique au christianisme (monde profane/monde sacré qui a plus de valeur que le monde profane) dans un premier temps. Mais, le terme est vite infléchi dans une analyse assez élargie de l'histoire. Pour Hegel, le monde qui favorise l'aliénation religieuse est lui-même aliéné :

> « Le monde de cet esprit se décompose dans le [monde] double ; le premier est le monde de l'effectivité ou de son aliénation même [=l'aliénation de l'esprit] ; quant à l'autre, le [monde] qu'il s'est construit en s'élevant au dessus du premier, dans l'éther de la conscience pure. Ce [monde], opposé à cette aliénation justement pour cette raison n'en est pas libre, mais [est] plutôt seulement l'autre forme de l'aliénation, qui consiste justement à avoir la conscience dans deux sortes de mondes, et les embrasse tous deux. »[23]

Dans certains passages de la Section B de son texte, Hegel analyse la problématique de la culture en tant que perte d'une nature première, en tant que "devenir étranger". Pour Hegel, les humains doivent se perdre, perdre leur nature (aliénation et non extériorisation) pour créer. Une telle perte est la condition primordiale et nécessaire pour le processus de création effective de la culture :

> « Ce par quoi donc l'individu, ici, a valoir et effectivité est la culture. Sa nature originaire et [sa] substance vraies sont l'esprit de l'aliénation de l'être naturel. Cette extériorisation est par conséquent aussi bien fin qu'être-là de ce même [individu] ; elle est en même temps le moyen ou le passage aussi bien de la substance pensée dans l'effectivité que,

[23] *Ibid.*, pp. 467-468.

> inversement, de l'individualité déterminée dans l'essentialité. »[24]

Après avoir ainsi précisé la culture comme processus de dénaturalisation, comme aliénation, Hegel utilise de manière beaucoup plus précise le concept d'*Entfremdung* dans la suite de son texte. L'aliénation est utilisée pour caractériser le monde historico-social. Hegel analyserait l'aliénation dans une perspective assez généraliste du monde qui prendrait en compte aussi bien l'aliénation religieuse que l'aliénation du monde existant ou présent. En termes clairs, Hegel veut montrer que les différents mondes créés par l'activité individuelle deviennent en retour étrangers à cette même subjectivité individuelle. Les deux sortes d'aliénation (l'aliénation comme processus de création de la culture et l'aliénation comme non compréhension des rapports sociaux et historiques) ne s'excluent pas.

C'est pourquoi dans la suite de son texte, même si *Les Principes* apportent davantage de précisions, Hegel analysera la dimension politique de l'aliénation. Pour Hegel, l'activité individuelle ne peut avoir une certaine garantie que dans l'État et dans la sphère économique. La sphère étatique et la sphère économique permettent à l'activité individuelle de s'épanouir. Hegel, sous ce rapport, fait usage logiquement du terme aliénation pour montrer comment l'activité individuelle, en se conformant aux institutions étatiques et aux exigences économiques, s'épanouit davantage, même si le fait d'obéir aux deux sphères que sont l'État et la vie économique a un aspect assez négatif :

> « Mais celle-ci [la puissance étatique], par cette aliénation, n'est pas encore une autoconscience se sachant comme puissance-étatique, c'est seulement sa loi ou son en-soi qui valent ; elle n'a encore aucune volonté particulière, car l'autoconscience servante n'a pas encore extériorisé son Soi

[24] *Ibid.*, p. 469.

> pur, ni par là animé spirituellement la puissance-étatique, mais [l'a animée] seulement avec son être ; lui a sacrifié seulement son être-là, non son être en-soi. »[25]

Ce que Hegel tente de montrer c'est que l'activité individuelle pour s'épanouir doit se raccorder à l'État qui garantit la reconnaissance mutuelle, un tel État a des fins purement universelles. Ainsi, en s'aliénant c'est à dire en obéissant aux exigences et impératifs des institutions, l'individu gagne quelque chose de positif : il est reconnu et respecté par l'ensemble du corps social. Cet État qui s'autonomise est le garant de l'intérêt collectif. Pour résumer, on peut dire que dans cette partie de son texte, Hegel esquisse une conception de l'État, l'aliénation consiste dans le fait que des instances créées par les humains s'autonomisent tout en garantissant en même temps aux hommes une certaine liberté qui ne va pas sans contrainte.

En guise de conclusion ramassée, on peut affirmer que dans la *Phénoménologie*, Hegel ne dégage pas comme le fera plus tard Marx, le Marx de la jeunesse, une théorie de l'aliénation. Dans un tel texte important pour comprendre la thématique de l'aliénation et de l'idéologie philosophique chez Marx, Hegel a tendance à dégager des illusions suggestives à la notion d'aliénation.

L'aliénation dans la *Phénoménologie* est souvent comprise comme l'automouvement du sujet qui se projette vers l'extérieur avant d'effectuer un retour à soi symbolisant la vérité, comme processus d'autonomisation des réalités créées par les humains. En un mot, le texte de Hegel ne systématise pas la théorie de l'aliénation, il analyse une série de phénomènes, une série de choses qui font penser à l'aliénation sans souvent dégager le rapport entre ces différents phénomènes. Cela ne signifie pas que la *Phénoménologie* n'a aucune portée, elle a une portée non

[25] *Ibid.*, pp. 482-483.

négligeable, car elle permet, à partir de la notion d'aliénation, de pouvoir analyser les phénomènes de dépossession des sociétés, de nos sociétés modernes et contemporaines. La notion d'*Entfremdung,* analysée par Hegel, favorise l'émergence d'une pensée de la société moderne, elle permet de penser le côté négatif d'une société qui semble croire au progrès à tout va.

Ce que l'on veut signifier par là, c'est que chez Hegel l'usage de l'aliénation n'a pas une dimension assez critique et que pour avoir un usage critique de l'aliénation, il faut davantage se référer aux analyses feuerbachiennes de la religion. Chez Hegel, rappelons le, l'aliénation souvent couplée avec la thématique de l'extériorisation, permet de comprendre le mouvement de la pensée, permet de décrire un tel mouvement. L'usage hégélien ne fait pas ressortir une dimension critique de l'aliénation. L'esprit réfute l'immédiat, considère les données premières comme des faussetés, pour pouvoir se connaître et se savoir comme pur sujet. Autrement dit, par l'extériorisation qui est le devenir étranger du sujet, l'Absolu parvient à la vérité.

Par le concept d'aliénation, Hegel met en relief la volonté de l'Absolu de se restaurer dans sa pureté, de retrouver son identité. Hegel ne fait pas ainsi usage du concept pour mettre en valeur une situation où le sujet se perdrait complètement. L'extériorisation permet à ce qui était nié d'être réapproprié. En termes simplistes, cela reviendrait à dire que pour nous reconnaître, on n'a besoin d'abord de savoir ce que l'on n'est pas. L'aliénation permettrait alors au Soi d'acquérir un contenu riche, de retrouver son identité effective. Le Soi qui a parcouru l'aliénation a une réelle substance, l'aliénation ne serait pas ainsi négative, elle permet au contraire au Soi de s'affirmer.

Cette succincte et rigoureuse analyse de la conception hégélienne nous permet d'affirmer que pour avoir une dimension assez critique de l'aliénation, il faudrait considérer l'aliénation comme une chose qui empêche d'obtenir un contenu riche et non comme un moment permettant l'affirmation du Soi. Feuerbach, nous semble-t-il, permet de comprendre la dimension critique de l'aliénation et de comprendre l'aliénation non comme une négation favorisant une expression d'un riche contenu, mais comme la perte même d'un tel contenu. Avant de voir l'usage foncièrement critique que Feuerbach fera du concept d'aliénation, il est important, à plus d'un titre, de noter que la conception hégélienne a beaucoup influencé la philosophie de l'Allemagne contemporaine et beaucoup de Jeunes-Hégéliens essayeront tant bien que mal de se réapproprier le fond de la pensée hégélienne.

Chaque philosophe croyant comprendre le système de Hegel, va dégager sa conception en s'opposant souvent aux autres conceptions. On ne saurait mettre en évidence toutes les conceptions qui ont marqué une telle période, mais on essaiera de dégager les conceptions des penseurs qui ont le plus marqué cette période et contre qui Marx va en guerre dans ses textes (les Jeunes-Hégéliens, Bauer, Stirner, Feuerbach etc.)

Chez Hegel, la conscience est le moteur de l'histoire. Bauer héritera une telle conception hégélienne en la modifiant d'une certaine manière afin d'expliquer ou de mettre en évidence sa propre conception.

Pour Bauer, la conscience de soi est la source de toute chose et c'est par la critique que l'on peut l'atteindre. La critique peut changer la conscience et la réalité. L'aliénation est chez Bauer le résultat d'une scission de la conscience de soi. Une telle scission fait croire à l'homme qu'une chose plus importante que la conscience existe indépendamment et en dehors d'elle et dont l'homme dépend : une telle chose se révèle être la religion.

La religion est donc selon Bauer une création de l'home qui devient indépendante et autonome comme le confirme Mclellan dans les propos suivants :

> « La conscience de soi se transforme en objet, en un être imaginaire autonome, en une chose. »[26]

La conscience de soi perd toutes ses valeurs positives, elle est totalement dépouillée au profit d'un objet fantastique : au profit bien sûr de la religion qui existe du fait de la déchirure de la conscience de soi.

Cette conception de Bauer le poussera à s'opposer à l'État chrétien et aux Vieux-Hégéliens, défenseurs de l'État de Fréderic guillaume IV. Pour Bauer, il faut restaurer le vrai visage de Hegel en enlevant le voile dont Hegel enveloppait ses positions théoriques. À l'en croire, la pensée hégélienne ne sanctifie pas Dieu mais la conscience de soi. Pour lui, les Vieux-Hégéliens qui se croient conformes au système hégélien, ne défendent que des prérogatives purement et simplement politiques. Seuls les Jeunes-Hégéliens comprennent le système de Hegel, car pour eux Hegel remet en cause l'État chrétien. La religion, dans les affaires de l'État, montre le caractère imparfait de ce dernier. L'État, comme le concevait Hegel, doit être une manifestation de la liberté, la réalisation effective du bonheur humain.

Pour Bauer, la conscience de soi dirige le monde. Le sens de l'histoire est celui du devenir de la conscience de soi et ce que Hegel reconnaît c'est la divinité de la conscience de soi. Selon Bruno Bauer, seuls les Jeunes-Hégéliens, ayant reconnu ce côté du système de Hegel, comprennent la fameuse doctrine de Hegel :

> « Les Jeunes-Hégéliens sont les vrais hégéliens, les seuls authentiques. »[27]

---

[26] David Mclellan, *Les jeunes hégéliens et Karl Marx*, Paris, Payot, 1972, pp. 96-97.

Une telle conception conduira Bauer à conclure à un athéisme de la pensée hégélienne[28]. Il faut aussi noter que les querelles de l'école hégélienne de l'époque n'étaient en réalité que des querelles théoriques, des oppositions d'interprétation de la pensée de Hegel, mais le philosophe qui a permis de rompre et de remettre en cause pour la première fois Hegel, fut incontestablement Feuerbach :

> « *[Il]* est le seul à avoir au moins constitué un progrès, le seul dont on puisse de bonne foi étudier les écrits.»[29]

Les thèmes développés par Feuerbach ont joué un rôle non négligeable dans la pensée de Marx et des Jeunes-Hégéliens durant les années 1842-1845. Ils permettent d'une façon ou d'une autre une certaine compréhension de certaines œuvres de jeunesse de Marx.

Notons que le mouvement Jeune-Hégélien est marqué par beaucoup de désillusions. En 1840, leurs illusions libérales qui attendaient de l'État une réalisation effective de la raison, furent anéanties. Car Frédéric Guillaume IV qui prétendait être un libéral, fut un grand despote. Les Jeunes-Hégéliens attendaient de ce dernier qu'il réalise dans l'État, une conformité effective entre son essence et son existence réelle, ce qu'il ne fît pas. Une telle désillusion, à en croire Althusser, plongera les Jeunes-Hégéliens dans « une profonde crise de conscience politique et théorique. »[30] Attendant une réalisation de la raison dans l'histoire, les Jeunes-Hégéliens virent le contraire se produire, leur histoire devint celle de la déraison.

---

[27] Bruno Bauer, *La trompette du jugement dernier contre Hegel, l'Athée de rigueur et l'Antéchrist. Un ultimatum*, Paris, Aubier Montaigne, 1972, p. 39.

[28] « L'athéisme est la conséquence du système de *[Hegel]* » dit Bauer, *Ibid.*, p. 112.

[29] Karl Marx et Friedrich Engels, *L'Idéologie allemande*, *op. cit.*, p. 42. (note de bas de page, note 4).

[30] Louis Althusser, « Note du traducteur », in Ludwig Feuerbach, *Manifestes philosophiques*, Paris, PUF, 1973, p. 2.

C'est ainsi que parurent les textes de Feuerbach dans lesquels les Jeunes-Hégéliens voyaient une rupture avec tous les postulats hégéliens. De tels textes leur permettaient de penser l'histoire non comme le fameux déploiement d'une quelconque raison, mais comme l'accomplissement de la déraison, Feuerbach devint alors le fleuve qu'il leur fallait pour se purifier :

> « Il fallait se jeter dans ce ''fleuve de feu'', dans ce Purgatoire des temps modernes, pour en sortir lavé de tous les mythes, et trempé pour les combats. »[31]

Les textes de Feuerbach, en plus de critiquer la conception hégélienne, remettaient en cause la religion. Ils regorgent par conséquent une originale double critique qui va fortement influencer Marx et Engels. Avec Feuerbach, la négativité hégélienne est remise en cause, l'aliénation ne saurait être considérée comme une négation qui garantirait une affirmation pleine de l'être. Elle serait plutôt une situation dans laquelle le sujet ne saurait s'exprimer complètement et ne saurait exprimer la plénitude de son être. Elle n'est plus une négation nécessaire à la restauration d'une quelconque identité, mais une pure perte du sujet. Elle est une perte d'un sujet dans une réalité qui le domine et l'appauvrit. En un mot, même si chez Hegel tout comme chez Feuerbach, il y a une réelle tentative de se réapproprier une certaine réalité, les réappropriations semblent très différentes et opposées. Là où Hegel considère ce qui est réapproprié comme un objet différent du sujet, Feuerbach le considère comme étant identique au sujet. L'appropriation hégélienne émane d'un réel travail de l'Esprit dans le processus historique, chez Feuerbach l'appropriation est une remise en cause.

Feuerbach montre que la théologie et la philosophie spéculative (celle de Hegel) procèdent de la même manière, à

[31] *Ibidem.*

la seule différence que la dernière réalise sur terre ce que la première réalise dans un au-delà imaginaire. L'homme est le secret de la religion, connaître la religion revient à connaître l'homme, car la religion n'est rien d'autre que l'essence humaine divinisée ou nichée dans les cieux. Le mystère de la religion est l'homme, celui de la philosophie spéculative est la théologie :

> « Le secret de la théologie est l'anthropologie, le secret de la philosophie spéculative est la théologie – la théologie spéculative qui se distingue de la théologie commune en ce qu'elle transpose ici-bas, c'est-à-dire actualise, détermine et réalise l'essence divine, que l'autre exilait dans l'au-delà, par peur et sottise. »[32]

Cela montre d'une certaine manière que pour Feuerbach la critique de la philosophie spéculative n'est pas différente de celle de la religion. On peut employer la même méthode critique. Dans la critique de la religion, il s'agissait de montrer que l'essence divine n'est que l'essence humaine projetée dans l'au-delà, Dieu n'est que le produit de l'homme. Dans celle de la philosophie spéculative, il s'agit aussi de montrer qu'il y a une inversion de la réalité, ce qui est considéré comme prédicat n'est en réalité que le sujet et ce qui est considéré comme sujet n'est que le prédicat ; il faut par conséquent rétablir le véritable ordre :

> « La méthode de la critique réformatrice de la philosophie spéculative en général ne se distingue pas de la méthode déjà employée dans la philosophie de la religion. Nous n'avons qu'à faire du prédicat le sujet, et de ce sujet l'objet et le principe, nous n'avons donc qu'à renverser la

[32] Ludwig Feuerbach, « Thèses provisoires pour la réforme de la philosophie », in Ludwig Feuerbach, *Manifestes philosophiques*, Paris, PUF, 1973, p. 104.

> philosophie spéculative, pour avoir la vérité dévoilée, la vérité pure et nue. »[33]

Pour Feuerbach, la philosophie hégélienne (la philosophie spéculative) est une théologie rationnelle, elle est le déploiement rationnel du divin, elle est une pure théologie. À l'en croire, le commencement de la philosophie n'est pas Dieu mais le réel déterminé. On ne saurait penser Dieu sans l'homme, l'Absolu sans l'individu déterminé. Ce n'est pas l'Absolu qui détermine l'homme, mais c'est le contraire qui est valable et justifiable, car toutes les déterminations de Dieu sont des déterminations de l'homme. La philosophie spéculative et la théologie procèdent de la même inversion, on n'y retrouve les mêmes erreurs :

> « La philosophie spéculative s'est rendue coupable de la même faute que la théologie, en ne faisant des déterminations de la réalité ou de la finitude des déterminations et des prédicats de l'infini, qu'à la condition de nier la détermination qui les fait ce qu'elles sont. »[34]

Selon Feuerbach, la voie de la philosophie spéculative est à l'envers. Une telle voie procède de l'idéal pour déterminer le réel, de l'abstrait pour déterminer le concret, or la nature divine n'est que la nature humaine enrichie et transférée dans les nuages. Une telle manière de procéder ne peut jamais permettre de parvenir à la vérité mais à de simples abstractions :

> « La voie suivie jusqu'ici par la philosophie spéculative, de l'abstraction au concret, de l'idéal au réel, est une voie à contre sens. »[35]

On ne saurait séparer l'être de la conscience ou la conscience de l'être, il faut montrer la part de l'homme dans la philosophie. La philosophie ne doit nullement commencer

---

[33] *Ibid.*, pp. 105-106.
[34] *Ibid.*, p. 112.
[35] *Ibid.*, p. 116.

par elle-même, mais par ce qu'elle n'est pas, par l'homme, l'être réel et concret :

> « La philosophie ne doit donc pas commencer par soi, mais par son antithèse, par la non-philosophie. »[36]

Cependant, il est important de souligner que l'œuvre majeure feuerbachienne qui a influencé de manière notoire Marx et Engels et qui d'une certaine façon leur a permis de remettre en cause, en plus de Hegel, la philosophie classique de l'Allemagne contemporaine, est *L'Essence du christianisme*. Cette œuvre a permis à Marx et à Engels d'élaborer à leur manière la critique de la philosophie classique allemande et de dégager leur nouvelle conception, d'établir leurs principes matérialistes. Engels, quarante ans après *L'Idéologie allemande,* se remémore l'effet que ce livre avait produit sur Marx et sur lui-même à l'époque :

> « C'est alors que parut *L'Essence du christianisme* de Feuerbach. D'un seul coup, il réduisit en poussière la contradiction en replaçant sans détour le matérialisme sur le trône *[...]* Il faut avoir éprouvé soi-même l'action libératrice de ce livre pour s'en faire une idée. L'enthousiasme fut général : nous fûmes tous momentanément “feuerbachiens”. On peut voir en lisant la *Sainte famille*, avec quel enthousiasme Marx salua la nouvelle façon et à quel point “malgré toutes ses réserves critiques” il fut influencé par elle. »[37]

Dans cette œuvre, *L'Essence du christianisme*, Feuerbach élabore de manière systématique sa critique de la philosophie spéculative et de la religion. Cette double critique va jouer un rôle important sur la verte critique marxo-engelesienne de la philosophie de l'Allemagne contemporaine que Marx et

---

[36] *Ibidem.*

[37]Friedrich Engels, « *Ludwig Feuerbach et la fin de la philosophie classique allemande* », in Karl Marx et Friedrich Engels, *Etudes philosophiques*, Paris, Éditions Sociales, 1961, p. 23.

Engels considèrent comme l'idéologie par excellence dans le texte très polémique de *L'Idéologie allemande*.

L'argument fondamental dans cette œuvre de Feuerbach consiste à montrer que la religion n'est pas une réalité qui existe en dehors de l'homme, elle existe grâce à l'homme, Dieu vaut ce que vaut l'homme. Dieu n'est pas une réalité supérieure à l'homme, c'est l'essence de l'homme magnifiée. Ce qui revient à dire que connaître Dieu c'est connaître l'homme lui-même, car Dieu et l'homme sont une seule et même réalité, en Dieu on peut connaître l'homme et inversement :

> « Dieu est l'intérieur de l'homme révélé, le soi de l'homme exprimé ; la religion est le dévoilement solennel des trésors cachés de l'homme, l'aveu de ses pensées les plus intimes, la confession publique de ses secrets d'amour. »[38]

Autrement dit, Dieu révèle la richesse de l'intimité de l'homme, le manque d'amour est à l'origine de la création de Dieu. Cependant, l'homme ne se rend pas compte que cette richesse mise en Dieu n'est que sa propre richesse, une telle ignorance fonde d'ailleurs la supériorité de Dieu et sa domination sur l'homme. L'homme n'est pas conscient que la richesse divine n'est que sa propre richesse, s'il en prenait conscience, l'illusion religieuse tomberait d'elle-même. La religion est fondée sur cette ignorance de l'homme : l'homme ne sait pas que Dieu n'est que lui-même, enrichi et représenté d'une autre manière, c'est sa richesse profonde projetée ; l'essence de l'homme lui apparaît comme une réalité étrangère ne lui appartenant pas :

> « La religion est l'être de l'humanité dans son enfance ; mais l'enfant voit son essence hors de lui, dans l'homme :

[38] Ludwig Feuerbach, « L'Essence du christianisme », in Ludwig Feuerbach, *Manifestes philosophiques*, *op. cit.*, p. 71.

> dans l'enfance, l'homme est objet pour lui-même sous l'aspect d'un autre homme. »[39]

Dans la religion, l'homme s'objective mais il ne parvient pas à reconnaître dans cette objectivation son essence, la réalité de son être. Une telle opposition entre Dieu (l'essence humaine objectivée) et l'homme demeure une illusion qui naît de l'immaturité ou de l'inconscience de l'homme. Cette opposition est en réalité une opposition entre l'homme et sa propre essence, ce qui veut dire que le contenu de la religion est purement humain. La religion est un rapport inversé de l'homme et de son être propre ou authentique. Pour supprimer la religion, il faut que l'homme récupère ses déterminations propres attribuées à Dieu. En reprenant toutes les richesses qu'il a conférées à Dieu, l'homme le fait disparaître du même coup, car il ne saurait exister sans l'illusion humaine qui consiste à lui transférer toutes ses qualités :

> « La religion n'a pas de contenu qui lui soit propre et particulier. »[40]

Le mystère de la religion réside dans le fait que l'homme actualise son essence dans un autre être et devient en retour dépendant de cet être créé par lui, par l'actualisation de son essence ; l'homme se retrouve dépossédé. L'homme qui pourtant est sujet devient le prédicat de ce qu'il a créé, il est déterminé par sa propre création ; l'homme devient le produit de son produit, son produit lui échappe et devient son créateur. En un mot, l'homme attribue toutes les perfections à Dieu et garde en lui toutes les imperfections :

> « Pour enrichir Dieu, l'homme doit se faire pauvre ; pour que Dieu soit tout, l'homme doit n'être plus rien. »[41]

---

[39] *Ibid.*, p. 72.
[40] *Ibid.*, p. 83.
[41] *Ibid.*, p. 87.

Pour Feuerbach, la première religion est une religion naturelle, une telle religion est fondée sur le sentiment de dépendance que l'homme nourrit vis-à-vis de la nature. Une telle religion montre à l'homme qu'il y a une réalité qui existe et qui diffère de lui à savoir la nature, car l'homme ne pouvait exister sans la nature :

> « La nature est le premier objet de la religion comme le prouve suffisamment l'histoire de toutes les religions et de tous les peuples. »[42]

Si donc l'homme au tout début nommait Dieu tout ce dont sa vie dépendait, l'amour de Dieu n'est donc en réalité que l'amour que l'homme nourrit pour sa propre personne. La valeur que l'homme octroie à ce dont il dépend n'est que la valeur qu'il octroie à sa propre vie, le mystère de Dieu ne révèle que le mystère de la nature :

> « Le parfait suppose l'imparfait. Plus un être est élevé, accompli, plus il suppose l'existence d'autres êtres avant la sienne. »[43]

Dans la religion, le Dieu de l'homme est son être enrichi, les attributs divins sont ceux de l'homme et si l'homme rend par exemple des honneurs à Dieu, c'est parce qu'il a mis en lui ses qualités qu'il admire en retour. Avec Dieu, l'homme n'entretient pas une relation avec une autre réalité, il est en rapport avec sa propre essence. La religion permet la réalisation de toutes les volontés de l'homme, toutes ses volontés se matérialisent en Dieu. Le désir ou le vœu humain est à l'origine de la création de cette réalité transcendante :

> « Ce sont les larmes du cœur qui, en s'évaporant dans le ciel de la fantaisie, forment l'image nuageuse de la divinité. »[44]

---

[42] Ludwig Feuerbach, *La religion (Mort, Immortalité, Religion)*, Paris, Vrin, 1987, p. 85.
[43] *Ibid.*, p. 98.
[44] *Ibid.*, p. 116.

Dans la religion, l'homme ne voit que la réalisation de ses désirs les plus intimes, l'être divin n'est que l'être humain élevé à un certain niveau, il est la suppression des défauts humains et la réalisation de toutes ses perfections : l'accomplissement des vœux humains. L'existence de Dieu dépend de celle de l'homme, Dieu en tant qu'objet d'adoration ne saurait exister sans un être capable de l'adorer ; l'homme crée donc Dieu à l'image de ses propres désirs « tels sont tes désirs, tels sont tes dieux. »[45]

La religion à en croire Feuerbach trouve son fondement dans les contradictions de la vie, ce sont de telles contradictions qui font que l'homme n'est pas ce qu'il devrait être. La religion garantit l'accomplissement de l'homme dans l'au-delà, la récompense de l'homme qui se serait bien comporté sur terre. Ce manque de plénitude sur terre est le fondement de la religion :

> « Dieu est la consolation du malheur, de la pauvreté, mais aussi la sécurité de l'abondance et du superflu ; l'aumône du mendiant, mais aussi l'hypothèque de l'usurier ; le lieu de refuge des persécutés, mais aussi le rempart des persécuteurs, qu'ils le soient justement ou injustement, directement ou indirectement. »[46]

Feuerbach analyse la religion pour découvrir l'homme, car la religion ne traduit que les vœux humains les plus enfouis. La religion s'élève sur des bases émotionnelles, elle concrétise de ce fait les sentiments de perfection de l'homme.

En restaurant les qualités humaines attribuées à Dieu, on met fin à la religion tout en supprimant les abstractions idéalistes. La foi que l'homme a en Dieu n'est rien d'autre que la foi qu'il a en lui-même, ce qui revient à dire que l'existence de la transcendance divine suppose celle de

[45] *Ibid.*, pp. 151-152.
[46] *Ibid.*, p. 160.

l'homme. La religion ne naît que du sentiment de dépendance que l'homme éprouve et du désir de perfection qui l'habite.

Pour Feuerbach, Dieu incarne les trois caractéristiques fondamentales de l'homme : la raison, la volonté et l'amour. C'est en un mot le désir de connaître la vérité, de bien agir et d'aimer qui conduisent à la création de Dieu. La religion révèle à l'homme sa véritable essence, ses désirs cachés et dont paradoxalement elle le prive : la religion voue l'homme à la dépossession et à la dépendance.

La fameuse et originale double critique feuerbachienne de la philosophie spéculative et de la religion se justifie par le fait que l'aliénation se manifeste aussi bien dans la philosophie spéculative que dans la religion : la critique religieuse et la critique philosophique se justifient par l'aliénation que l'on trouve aussi bien dans la philosophie que dans la religion. Au fond ce que Feuerbach met en évidence, c'est que tout comme dans la religion, dans la philosophie spéculative, il y a une inversion de la réalité. Une telle inversion consiste à expliquer les hommes non par la réalité dans laquelle ils vivent, mais par leurs pensées ou leurs représentations spirituelles. Il y a une inversion des véritables rapports, car aussi bien dans la religion que dans la philosophie spéculative, le prédicat devient le sujet et le sujet devient inversement le prédicat.

Pour résumer les idées majeures de Feuerbach dans son usage très critique du concept d'aliénation, on peut dire qu'un tel usage lui permet de mettre en relief aussi bien la vérité de la religion que celle de la philosophie spéculative. Pour Feuerbach, ce qui caractérise l'humain, par rapport à toutes les autres créatures, c'est la religion. L'homme est un être religieux, l'homme crée Dieu qui ne saurait exister sans la conscience humaine dont il est le produit. La conscience humaine a comme objet de connaissance le savoir générique, un tel savoir se manifeste sous deux formes, car l'humain a une vie double : une vie de la conscience et une vie matérielle. Dans cette dernière à en croire Feuerbach, l'homme fait l'expérience de sa finitude, de ses limites. Cette finitude, l'homme tente de la surmonter en transférant à la finitude de l'essence sa propre finitude afin de ne plus être chagriné par cette dernière. Autrement dit, l'homme essaie de transférer ses limites à l'espèce humaine. Se croyant fermement être identique au genre, il confond intériorité et extériorité : pour l'homme, sa propre finitude reflète celle du genre.

L'aliénation religieuse résulte de l'incapacité de l'homme de ne pas confondre son existence et celle de l'espèce, du désir de l'homme à vouloir attribuer ses propres limites à l'être générique. La religion apparaît ainsi comme l'unique solution offerte à l'homme pour projeter hors de lui-même sa propre vie intérieure et pour pouvoir en prendre conscience. La religion qui au départ était moyen de connaissance pour l'humain, un moyen de connaissance du genre, devient par la suite une réalité totalement indépendante et autonome. La religion qui devrait permettre à l'homme de se connaître, devient le parfait moyen de s'ignorer.

L'homme, dans sa première tentative de connaissance, attribuait ses limites à l'essence générique, mais dans la seconde tentative, il transfert toutes ses richesses à un être devenu par la suite étranger et autonome : Dieu. L'homme objective son essence en transférant sa vie générique à Dieu. L'objectivation est pour l'homme un moyen de savoir, de connaissance de l'infinité de l'essence de l'homme. Feuerbach montre ainsi la vérité de la religion, le contenu de la religion qui est purement humain, et la nécessité même de l'objectivation. La religion ne serait pas alors sans fondement, elle a un fondement solide, elle montre comment l'homme prend conscience de son objectivation, de son essence. Dans la religion, l'homme serait en rapport avec lui-même sans le savoir, Dieu reflète l'image parfaite de l'homme même si l'homme devient son serviteur par la suite.

L'autre idée majeure que Feuerbach met en évidence, c'est comment la théologie emprunte le même discours que la spéculation. La théologie, au lieu de révéler que Dieu n'est que l'homme dans sa totale perfection, l'homme tel qu'il s'imagine, fait de ce dernier un simple objet, un produit de Dieu, elle inverse l'ordre normal des choses et le valide. La théologie légitime l'aliénation religieuse, elle montre que, ce qui totalement faux, Dieu est le sujet premier et fondateur de tout et que l'homme n'est qu'un simple produit de Dieu. Le discours théologique devient un discours de légitimation et de consolidation du rabaissement de l'homme. Ce qui fait que la religion de moyen de connaissance qu'elle était, devient moyen d'ignorance, elle ne permet plus à l'homme d'avoir une connaissance de son essence : l'humain devient logiquement le produit de ce qu'il a pourtant produit. Le discours spéculatifo-théologique renforce l'aliénation de l'homme.

De l'analyse feuerbachienne, on peut retenir que la religion ne saurait exister sans l'homme. Elle résulte du désir qui anime l'humain de se connaître, de connaître son essence, du désir humain de s'objectiver pour se connaître. Une telle objectivation devrait permettre à l'humain de prendre conscience de l'infinitude. La théologie renforce l'aliénation humaine en faisant de l'homme le simple produit de Dieu. En gros et en moyenne, on peut affirmer qu'il y a aliénation quand l'humain considère son objectivation, l'objet objectivé comme sujet. Ce qui revient à dire que l'objectivation tout court n'est pas une aliénation, car l'objectivation fait partie des qualités humaines. L'homme peut s'objectiver sans qu'il en découle une aliénation quelconque, l'objectivation est un moyen de s'affirmer totalement. Il y a aliénation lorsque le sujet qui s'objective ne se considère plus comme sujet mais considère comme sujet son objet objectivé.

C'est à partir d'une telle situation qu'il est légitime de parler de perte du sujet, d'aliénation, de domination de l'homme par un objet qui semble étranger et autonome : l'homme se trouve dans une position inconfortable, il est dominé par sa création. L'aliénation feuerbachienne découle ainsi du transfert des qualités spécifiques à une réalité qui finit par devenir étrangère, autonome et indépendante par rapport à son créateur.

Cette conception feuerbachienne est décisive à certains égards dans l'élaboration de la conception marxienne de la critique de la philosophie spéculative allemande. Elle permet à Marx de remettre en cause la philosophie idéaliste de l'Allemagne contemporaine. Partant de l'influence feuerbachienne, malgré ses réserves d'alors, Marx critique vertement la philosophie de l'Allemagne contemporaine qu'il qualifie d'idéologique (aliénation philosophique) dans *L'Idéologie allemande.*

Dès la Préface de *L'Idéologie allemande*, Marx et Engels critiquent les illusions idéalistes des Jeunes-Hégéliens qui, croyant libérer les hommes de l'aliénation, les enfonçaient davantage. Loin de rendre service aux hommes, ils les maintiennent dans la totale illusion. Pour Marx, cette intention de vouloir libérer les hommes en ôtant les fausses illusions de leur conscience est sans résultat conséquent, elle aboutit plutôt à un renforcement de l'illusion. La réalité ne saurait être transformée par un simple changement des idées, le fait de changer les idées ne conduit pas forcément à une transformation de la source d'où proviennent les idées. Ces Jeunes-Hégéliens *"héros philosophiques"* ne sont au fond que « des moutons qui se prennent et qu'on prend pour des loups. »[47]

[47] Karl Marx et Friedrich Engels, *L'Idéologie allemande*, *op. cit.*, p. 39.

Pour montrer que la volonté, des Jeunes-Hégéliens qui consiste en un combat contre les fausses idées, n'est qu'une pure illusion, Marx utilise la métaphore de la noyade. Tout comme un individu qui s'ôte de la tête l'idée de la pesanteur ne saurait forcément nager, l'individu qui s'ôte de la tête les illusions ne saurait se libérer. Les Jeunes-Hégéliens sont comme les bourgeois modernes, ils croient que le monde est dominé par les idées :

> « Les criticistes allemands affirment tous que les idées, représentations, concepts ont jusqu'ici dominé et déterminé les hommes réels, que le monde réel est un produit du monde des idées, cela a lieu jusqu'à l'instant présent, mais ça va changer. »[48]

La philosophie de l'Allemagne contemporaine, voulant critiquer Hegel, à en croire Marx, est restée dans la spéculation et sur le terrain purement philosophique. Voulant remettre en cause Hegel, elle est restée dans Hegel. Ce qui revient à affirmer qu'une telle philosophie est mystifiée, aliénée, elle est idéologique car son point de départ n'est pas le véritable point de départ. Le caractère idéologique d'une telle philosophie ne procède pas de la réponse qu'elle apporte aux questions qu'elle se pose, mais bien dans les questions elles-mêmes :

> « Ce n'est pas seulement dans leurs réponses, mais bien déjà dans les questions elles-mêmes qu'il y avait une mystification. »[49]

Une telle philosophie n'a pas posé la bonne question, la question du rapport entre sa pensée et l'être allemand. En ne posant pas la bonne question, une telle philosophie fausse ou vicie dès le départ le débat. Il s'ensuit logiquement que sa réponse ne peut être qu'une réponse mystifiée. Une telle

---

[48] *Ibid.*, p. 40 (note de bas de page, note 2).
[49] *Ibid.*, p. 42.

philosophie étant trop dépendante de Hegel ne saurait faire une critique profonde de Hegel.

La philosophie allemande critiquée par Marx, réduisant toutes les questions à des questions purement religieuses, est sans réelle efficacité. Elle considère la religion comme la source de tous les maux dont il faut se débarrasser. Les questions politiques, philosophiques et morales étaient considérées comme des questions purement religieuses. Tout rapport dominant était considéré comme un rapport exclusivement religieux :

> « Toute la critique philosophique allemande de Strauss à Stirner se limite à la critique des représentations religieuses. »[50]

Les produits de la conscience considérés comme autonomes étaient, à en croire Marx, pour les Jeunes et les Vieux-Hégéliens, les principes qui pouvaient expliquer la vie matérielle. Ainsi, au lieu de lutter contre la réalité matérielle, ces philosophes luttaient contre les produits de la conscience. Pour eux, libérer les hommes signifie changer les produits de leur conscience et remplacer leurs illusions par de véritables connaissances. Pour Marx, changer les produits de la conscience ne signifie nullement changer le monde concret, mais simplement modifier l'interprétation que l'on se fait du monde et le laisser par conséquent tel qu'il est. Loin de lutter contre le monde, ils luttent contre l'interprétation du monde :

> « Les seuls résultats auxquels peut aboutir cette critique philosophique furent quelques éclaircissements en histoire religieuse - et encore d'un point de vue très étroit -, sur le christianisme ; toutes leurs autres affirmations ne sont que des nouvelles façons d'enjoliver leurs prétentions d'avoir

[50] *Ibid.*, p. 43.

> apporté des découvertes d'une portée historique grâce à ces éclaircissements insignifiants. »[51]

Remettre en cause les fausses illusions afin de permettre la vraie transformation du réel, est le mobile manifeste de la jeune philosophie allemande (Bauer, Stirner, Feuerbach). Cette volonté de remettre en cause les illusions du monde afin de le transformer, est elle-même remise en cause par Marx et Engels. Elle est considérée comme une fausse représentation de la réalité, comme une illusion car elle se croit porteuse d'une capacité effective de transformation de la réalité. Les jeunes philosophes allemands ne sont en réalité que de faux et innocents "révolutionnaires". Expliquons un peu : les jeunes philosophes révolutionnaires Allemands critiquent les fausses représentations dont les hommes sont auteurs/victimes pour les libérer et par voie de fait transformer la réalité. Marx et Engels dénoncent à leur tour cette fausse idée qui consiste à croire que par le simple fait de dénoncer de fausses idées, le monde peut changer radicalement.

Marx, à l'encontre de la philosophie classique allemande qui part des abstractions ou des réalités purement spéculatives, part d'une réalité vérifiable de manière empirique. Il ne part pas d'a priori, il part plutôt des hommes qui existent concrètement. En matérialiste convaincu, Marx montre que la philosophie allemande n'a nullement posé la question de son vrai rapport à la réalité allemande, une telle question demeure pourtant fondamentale. Du coup, toutes les réponses qu'une telle philosophie a apportées aux questions posées demeurent vaines et sans conséquence pratique, car elle n'a pas vu le lien intime qu'elle entretient elle-même avec la réalité allemande :

> « Les prémisses dont nous partons ne sont pas des bases arbitraires, des dogmes ; ce sont des bases réelles dont on ne

[51] *Ibid.*, p. 44.

> peut faire abstraction qu'en imagination. Ce sont les individus réels, leur action et leurs conditions d'existence matérielles, celles qu'ils ont trouvées toutes prêtes, comme aussi celles qui sont nées de leur propre action. Ces bases sont donc vérifiables par voie purement empirique. »[52]

Pour Marx, toutes les représentations spirituelles ne sauraient être détachées de la vie matérielle des hommes qui les conditionne ou façonne d'une certaine manière. Elles sont ni autonomes ni indépendantes, au contraire, elles sont intimement liées à la vie matérielle. Les hommes insérés dans des rapports sociaux produisent leurs différentes représentations spirituelles :

> « La production des idées, des représentations et de la conscience est d'abord directement et intimement mêlée à l'activité matérielle et au commerce matériel des hommes, elle est le langage de la vie réelle. »[53]

Loin de partir des représentations humaines pour aboutir aux hommes réels, Marx prend le sens inverse ; il part des hommes socialement déterminés pour aboutir à leurs différentes représentations spirituelles. Ainsi, en partant de cette solide base que constitue la vie matérielle des hommes, de telles représentations perdent leur autonomie illusoire.

La philosophie spéculative part de la conscience pour expliquer la réalité, celle matérialiste de Marx part de la vie matérielle pour expliquer les produits de la conscience car « ce n'est pas la conscience qui détermine la vie, mais la vie qui détermine la conscience. »[54]

Les représentations spirituelles ne peuvent pas être le véritable point de départ pour une réelle compréhension des hommes et de leurs activités matérielles.

[52] *Ibid.*, p. 45.
[53] *Ibid.*, p. 50.
[54] *Ibid.*, p. 51.

La philosophie matérialiste, telle que conçue par Marx, part des hommes concrètement existants et insérés dans un processus de vie pratique, pour ensuite comprendre leurs représentations spirituelles, leurs idéologies qui ne reflètent en réalité que leur existence matérielle. Ce primat de la vie matérielle sur la représentation spirituelle permet de comprendre que les représentations spirituelles n'ont aucune autonomie, elles n'existent pas selon les lois de la pensée, elles sont plutôt déterminées par la vie des hommes. C'est ce qu'il faut comprendre en gros quand Marx leur refuse toute autonomie :

> « Elles n'ont pas d'histoire, elles n'ont pas de développement *[autonomes]* ; ce sont au contraire les hommes qui, en développant leur production matérielle et leurs rapports matériels, transforment, avec cette réalité qui leur est propre, et leur pensée et les produits de leur pensée. » [55]

Pour Marx, contrairement aux Jeunes-Hégéliens, on ne saurait libérer les hommes par une simple épuration des produits de la conscience. La libération effective doit être pratique, elle doit transformer les conditions d'existence qui façonnent les produits de la conscience ; toute libération doit se faire dans la vie réelle :

> « On ne peut abolir l'esclavage sans la machine à vapeur et la mule jenny, ni abolir le servage sans améliorer l'agriculture *[...]* La "libération" est un fait historique et non un fait intellectuel. »[56]

La pensée n'est pas le moteur de l'histoire. Le moteur de l'histoire c'est la production des hommes, des besoins humains, une telle production détermine en retour la pensée. De tels besoins sont à l'origine des changements historiques. La suppression des contraintes qui pèsent sur les hommes, loin d'être l'action d'une pure critique des fausses

[55] *Ibidem.*
[56] *Ibid.*, p. 53.

représentations, résulte d'une action pratique. Il s'agit de modifier d'abord la réalité d'où émane la conscience.

Soucieux de prendre le contre-pied des idéologues (idéalistes) allemands, Marx attribue une réelle importance aux causes économiques. La conscience, loin d'être première par rapport à la réalité extérieure, est déterminée par cette dernière ; la conscience est une intériorisation du monde extérieur, elle est un rapport social :

> « La conscience est donc d'emblée un produit social et le demeure aussi longtemps qu'il existe des hommes. »[57]

La conscience reste et demeure un produit social qui a sa source dans la vie matérielle. Elle ne se développe que dans et par la base matérielle. La pratique à laquelle Marx ramène la pensée étant une activité aliénée, il en résulte que la pensée est elle-même logiquement aliénée. Les hommes agissent sur terre, ils produisent en même temps leurs diverses et différentes représentations qui finissent par totalement s'autonomiser. Les productions spirituelles sont ramenées aux productions matérielles. La production matérielle est le fondement de la réalité spirituelle comme l'attestent ces propos de Kostas Axelos :

> « Marx ramène les instruments idéologiques aux instruments économiques. »[58]

Pour Marx, la réalité première et fondamentale est le développement des nombreuses forces productives matérielles (instruments et moyens de production). Le développement des forces productives engendre des rapports de production, des rapports entre les hommes et entre les forces productives. Cet ensemble de forces et de rapports de production constitue la structure ou la base économique de la société. Sur une telle base s'élève une superstructure

[57] *Ibid.*, p. 59.
[58] Kostas Axelos, *Marx penseur de la technique*, *op. cit.*, p. 145.

(idéologique, juridique et politique). À cette superstructure correspondent des formes de conscience socialement déterminées. De telles formes de conscience représentent ou reflètent des réalités qui leur sont dissimulées, leurs forces motrices leur sont inconnues.

La pensée émanant de la pratique croit être une réalité autonome, une réalité qui se fonde sur elle-même. Les représentations sont donc abstraites, elles sont un reflet aliéné de la réalité matérielle elle-même aliénée :

> « Les rapports juridiques – ainsi que les formes de l'État – ne peuvent être compris ni par eux-mêmes, ni par la prétendue évolution générale de l'Esprit humain, mais qu'ils prennent au contraire leurs racines dans les conditions d'existence matérielles dont Hegel à l'exemple des Anglais et des Français du XVIIIe siècle, comprend l'ensemble sous le nom de "société civile". »[59]

Marx montre, comme dans la *Critique du droit politique hégélien,* que la "société civile" explique et détermine les représentations spirituelles comme l'État. En un mot, l'État, comme toutes les représentations spirituelles, loin d'être une réalité autonome et indépendante (une création purement spirituelle), émane de la base matérielle que Hegel nomme "société civile". Marx critique de manière beaucoup plus rigoureuse la conception qui fait dériver tout de la pensée.

Marx combat toutes les idées autonomes au nom de la praxis, car elles sont, à l'en croire, de pâles représentations de la vie matérielle. Il remet en cause toute volonté d'autonomisation de la pensée. Le secret de la genèse des idées réside dans la vie matérielle :

> « Le mode de production de la vie matérielle conditionne le processus de vie social, politique et intellectuel en général.

[59] Karl Marx, « Contribution à la critique de l'économie politique. Préface », in Karl Marx, *Contribution à la critique de l'économie politique*, Paris, Éditions Sociales, 1957, p. 4.

Ce n'est pas la conscience des hommes qui détermine leur être ; c'est inversement leur être social qui détermine leur conscience. »[60]

La puissance des hommes est limitée par les idées qui ne sont que le reflet des idées de la classe dominante. Ceux qui dominent la production matérielle, produisent naturellement les idées de leur domination : leurs idées deviennent les idées dominantes et loin de refléter l'universel, elles reflètent le particulier qui se prend pour l'universel. Les pensées sont par conséquent l'expression abstraite ou idéologique des conditions matérielles dominantes. Les pensées entretiennent un rapport étroit avec la réalité matérielle. Elles reflètent les rapports réels existants. Ce qui fait que la classe qui dispose des moyens matériels, produit les idées de sa domination :

> « Les pensées de la classe dominante sont aussi, à toutes les époques, les pensées dominantes, autrement dit la classe qui est la puissance matérielle dominante de la société est aussi la puissance dominante spirituelle. »[61]

Détenant les moyens de production, la classe dominante produit les représentations qui servent non seulement à compenser le manque des dominés, mais à les asservir et du coup à consolider sa domination. Ce qui revient à dire que les idées, loin d'avoir un développement propre, renvoient aux conditions matérielles d'existence. Elles ont des présuppositions réelles et si elles deviennent des abstractions, cela s'explique par l'aliénation matérielle et idéologique. Les idées doivent être critiquées d'après leur caractère matériel. Elles ne sont pas autonomes, elles sont déterminées par le processus de la vie matérielle.

Le caractère idéologique des représentations spirituelles est en ce sens double : elles sont des formes et des puissances de l'aliénation. On ne saurait comprendre les phénomènes

---

[60] *Ibidem.*
[61] Karl Marx et Friedrich Engels, *L'Idéologie allemande*, *op. cit.*, p. 75.

socio-historiques en faisant abstraction totale de la production par l'homme de son existence et de son humanité. Pour comprendre les hommes, il faut se référer à ce qu'ils font quotidiennement ou régulièrement dans la réalité matérielle. Les représentations spirituelles ne sont pas souveraines. Il y a une dépendance de la superstructure à l'égard de l'infrastructure, une telle dépendance est biaisée, les idées ne reflètent pas fidèlement ou totalement la réalité, elles reflètent la réalité en la mutilant. Dit en d'autres termes, la correspondance entre la superstructure et la structure n'est pas une correspondance mécanique et rigide :

> « C'est la vie qui détermine la conscience, mais le propre de la conscience est de spontanément croire l'inverse. »[62]

Les bases du matérialisme historique sont vérifiables, car elles existent de manière pratique par opposition aux bases abstraites des théories idéalistes. Marx met en évidence le primat de la réalité sur les produits de la conscience. La pensée est précédée par l'existence pratique, car avant de penser il faut nécessairement être. Les nombreux rapports de production déterminés, déterminent les rapports sociaux et politiques. Autrement dit, il y a une étroite relation entre la production matérielle des hommes et leur structure politique et idéologique. Les représentations humaines sont des idées des rapports que les hommes entretiennent entre eux et avec la nature extérieure, en un mot elles ne sont que l'expression des activités réelles des hommes :

> « La conscience ne peut jamais être autre chose que l'Être conscient et l'Être des hommes est leur processus de vie réel. »[63]

L'inversion de la réalité dans la représentation spirituelle trouve son explication dans la réalité matérielle. Autrement

---

[62] Emmanuel Carsin, *Marx l'action et l'histoire*, Paris Cedex 15, Ellipses Édition Marketing S.A., 2007, p. 44.

[63] Karl Marx et Friedrich Engels, *L'Idéologie allemande*, *op. cit.*, p. 50.

dit, une telle inversion qui consiste à croire que les représentations sont autonomes et indépendantes par rapport à la réalité est due à l'existence de rapports sociaux étriqués. Ainsi, il ne s'agit plus de partir des idées humaines pour comprendre les hommes réels, il faut plutôt partir de ces hommes concrets, pris dans leur vie matérielle et insérés dans la pratique concrète, pour comprendre leurs représentations. Ce qui montre qu'on ne saurait juger et comprendre l'homme à partir de ce qu'il dit ou à partir de ses propres représentations, mais à partir de ce qu'il est réellement. C'est ainsi seulement que les réalités spirituelles peuvent perdre l'illusion apparente de leur autonomie :

> « À l'encontre de la philosophie allemande qui descend du ciel sur la terre, c'est de la terre au ciel que l'on monte ici *[...]* De ce fait, la morale, la religion, la métaphysique et tout le reste de l'idéologie, ainsi que les formes de conscience qui leur correspondent, perdent aussitôt toute apparence d'autonomie. »[64]

Les nombreuses représentations idéologiques n'ont pas "d'histoire" autonome, elles émanent du monde réel ou elles sont plutôt des reflets de la réalité matérielle, ce sont les hommes réellement existants qui les créent. La conscience humaine n'est qu'un reflet (pâle ?) de l'existence humaine qui la détermine :

> « Ce n'est pas la conscience qui détermine la vie, mais *[inversement]* la vie qui détermine la conscience. »[65]

Pour schématiser, on peut dire que :

- Marx et Engels considèrent, dans *L'idéologie allemande*, que l'idéologie est un pâle reflet de la réalité.

- la jeune philosophie de l'Allemande contemporaine, se croyant révolutionnaire, est elle-même idéologique.

---

[64] *Ibid.*, p. 51.
[65] *Ibidem.*

- la philosophie est considérée dans *L'Idéologie allemande* comme l'idéologie par excellence et doit être, du coup, remise en cause afin de mettre en évidence le rapport intime que la pratique entretient avec la théorie.

On peut d'ailleurs noter que les sept alinéas rayés[66] par le traducteur de *L'idéologie allemande* et qui trouvent de longues explications dans le texte marxo-engelsien, caractérisent d'une manière ou d'une autre l'idéologie. Ils permettent de mettre en relief la relation intime entre philosophie, idéalisme, idéologie. Marx et Engels mettent en place ce triptyque pour mieux organiser leur critique. Selon le texte marxo-engelsien, seule une démarche, partant objectivement de la réalité et retournant à elle, peut permettre d'échapper à la fausse démarche hégélienne et jeune hégélienne et d'avoir accès à la réalité objective qui seule détermine la scientificité de la connaissance.

L'idéologie n'a pas d'histoire signifie, selon Marx et Engels, qu'elle ne saurait agir sur la réalité qu'elle croit être la sienne en la considérant comme son propre résultat. L'idée que l'idéologie détermine la société humaine, ses différentes représentations, est une illusion, une image inversée de la réalité. L'idéologie crée l'illusion selon laquelle le monde est gouverné par les idées ; elle fait croire même à une telle illusion. La vérité, c'est que ce ne sont pas les idées qui dirigent le réel, l'ordre réel des sociétés et leurs différentes mutations, c'est plutôt l'ordre matériel qui, changeant en fonction du temps et de l'histoire, crée le monde des idées et les représentations idéologiques.

Soulignons par ailleurs deux conceptions ou deux grandes idées, dans le texte marxo-engelsien, *L'Idéologie allemande*, qui peuvent poser un réel problème théorique : 1- l'idéologie est ce qui crée une illusion et fait croire à une telle illusion, 2- l'idéologie qui crée l'illusion est en même temps

[66] *Ibid.*, p. 40.

une illusion. Laquelle de ces deux conceptions choisir ? Marx, dès les premières idées de son texte, ne nous offre nullement la possibilité de choisir l'une au détriment de l'autre. Autrement dit, on ne saurait, au tout début de l'analyse marxo-engelsienne, assigner une certaine intention calculée ou réfléchie à l'idéologie. En un mot, l'idéologie est produite dans la réalité matérielle sans pour autant que l'on sache si elle est intentionnelle ou calculée, c'est-à-dire si elle est produite par une classe ou un groupe à dessein. Ce que l'on peut affirmer de façon provisoire, c'est que l'idéologie dominante d'une société est naturellement celle de la classe dominante de ladite société dont les idées ne sont que le reflet de sa domination.

En admettant que l'idéologie se considère comme ce qui détermine la vie sociale, la vie pratique et en partant comme Marx le suggère de la réalité des faits. On renverse logiquement l'ordre imposé par l'idéologie et qui semble naturel et éternel. On se rend compte que la croyance en un pouvoir unilatéral des idées résulte du fonctionnement de la société où l'organisation matérielle favorise la production et la direction des idées : l'illusion que la sphère des idées dirige le monde matériel résulte naturellement d'une réelle domination exercée par la classe dominante sur tous les rapports concrets. Par conséquent, les idées qui garantissent et fondent cette domination et à travers lesquelles une telle domination se reflète dans les représentations des membres de la classe dominante, sont considérées comme reflet d'une situation réelle. Cette idée, selon laquelle la sphère des idées domine la réalité ou façonne la réalité sociale et pratique, est une réalité qui appartient à la classe dominante :

> « L'idéologie est ainsi la partie imaginaire, illusoire et illusionnante d'un règne matériel effectif dont elle est en

même temps l'effet réel et le reflet fantastique, ou l'effet-reflet réel et fantastique. »[67]

Selon le texte de Marx et d'Engels, l'idéologie d'une classe dominante qui détermine, dans sa pratique, l'organisation de la société, la production matérielle, est logiquement pour ladite classe, la fausse image de sa propre pratique : un faux reflet ou un reflet illusoire. Et, en même temps, c'est en tant que reflet illusoire que l'idéologie reste conforme à sa pratique. Ainsi, l'idéologie dominante n'est rien d'autre que l'image renversante de la classe dominante de sa propre pratique. L'illusion consiste à faire croire que la domination est un fait normal et naturel, elle découle de la mise en pratique des idées qui sont supposées régenter la réalité matérielle. Ce qu'on peut logiquement dire, c'est que la classe dominante produit naturellement une idéologie conforme à sa domination et que cette classe, elle-même, croit et accepte son idéologie ou son illusion comme déterminant la pratique matérielle, sa pratique matérielle.

L'idéologie dominante serait, le reflet qui, loin d'exprimer la réalité du rapport social, exprime le reflet de ce que le rapport social dit de lui-même. En un mot, l'idéologie (la camera obscura l'atteste) reflète tout en le dissimulant le véritable sens des rapports sociaux. Mais, comme le montre le texte marxo-engelsien, si l'idéologie ne reflète pas de manière fidèle les rapports sociaux, ce n'est nullement au départ pour mystifier ou dissimuler volontairement la réalité, c'est parce que naturellement il ne peut en être autrement (l'image de la camera obscura est parlante). Elle ne peut refléter les rapports réels qu'en les renversant, c'est lié à sa nature.

Les jeunes philosophes hégéliens affirment que l'homme est illusionné par les représentations religieuses. Pour Marx et Engels, l'homme est illusionné par un certain ordre de

[67] Patrick Tort, *Marx et le problème de l'idéologie, op. cit.*, p. 26.

rapports qui se manifeste à lui-même à travers son propre renversement. La faiblesse de la tentative des Jeunes-Hégéliens réside dans le fait qu'ils mènent leur lutte à l'intérieur, sans s'en rendre compte, de l'idéologie allemande, en croyant être en dehors d'elle. Une telle tentative de renversement ou de redressement, reste totalement insuffisante et inefficace ; elle ne saurait redresser la conception qu'elle épouse d'emblée : agir sur une conception ou représentation qui fixe elle-même les cadres ou les axes de notre action est inefficace.

Ce qui ressort de l'analyse rigoureuse du texte marxo-engelsien, c'est que la classe dominante, tout en dominant l'ordre de la production matérielle et l'ordre de la production des idées, croit et fait croire que la production matérielle est totalement déterminée par la production des idées. Cette conception qui est en parfaite adéquation avec la domination de la classe qui la crée, est, selon Marx, une totale illusion, une inversion de la réalité.

En effet, il suffit pour s'en convaincre d'analyser le rapport salarial : les capitalistes exercent une pression énorme sur les salariés et pourtant une telle pression n'apparaît pas comme telle (accords sur le salaire, production de la plus-value, accroissement de la misère ouvrière, concurrence entre ouvriers). Le salaire est présenté comme un échange équitable et libre. On voit nettement que la classe dominante présente et pense également son rôle dans la production matérielle comme fondé sur les principes d'égalité, de liberté et de transparence alors que de telles idées ne reflètent que celles de sa classe et de sa domination. De telles idées inversent la réalité et présentent sa domination comme une non domination.

Marx reproche aux idéologues allemands de partir de pures abstractions. Le problème est lié à leur point de départ. Pour ces idéologues, à en croire Marx, la pensée peut s'auto-fonder et fonder en même temps la réalité. En un mot, la pensée est ce qui rend compte de la réalité des choses. Une telle conception ne saurait permettre de connaître de manière rigoureuse la réalité matérielle, car on ne saurait déduire d'une abstraction toute la richesse de la réalité. Les idées ne sauraient expliquer le monde, elles n'ont pas de réalité propre et vouloir leur conférer un statut d'autonomie reviendrait à tomber dans la spéculation, dans la pure abstraction.

Les hommes produisent certes leurs différentes idées, mais de tels hommes sont conditionnés par la vie matérielle, leurs idées ne peuvent être du coup que le reflet de leur vie matérielle. Tout changement dans la vie matérielle des hommes se répercute nécessairement sur les représentations spirituelles, quand les rapports sociaux se modifient, les représentations idéologiques se modifient également. En termes très clairs, les changements des conditions matérielles ne laissent pas de marbre les représentations spirituelles :

> « Le changement dans la base économique bouleverse plus ou moins toute l'énorme superstructure. »[68]

Marx montre qu'il y a un décalage entre la philosophie allemande et la réalité allemande[69] (sauf bien sûr *La Philosophie du droit et de l'état de Hegel*)[70]

[68] Karl Marx, « Contribution à la critique de l'économie politique. Préface », in Karl Marx, *Contribution à la critique de l'économie politique*, *op. cit.*, p. 4. Pour attester l'impact de la base matérielle sur la conscience, Marx note que lorsque les diverses circonstances changent, les représentations superstructurelles changent également. Les changements des idées sont concomitants aux changements des circonstances, il y a une coïncidence entre les changements des circonstances et ceux des produits de la conscience : « Est il besoin d'aller au fond des choses pour comprendre qu'avec les conditions de vie des hommes, avec leurs relations sociales, avec leur existence sociale, leurs représentations, leurs conceptions et leurs notions, en un mot leur conscience, changent aussi ? », Karl Marx et Friedrich Engels, *Manifeste du parti communiste*, Paris, ED GF, 1998, p. 98.

[69] Pour Marx, la théorie ou l'idéologie allemande ne fait qu'observer ce que les Français ont fait. Le retard économique de L'Allemagne produit

La philosophie allemande, loin de refléter le présent allemand, reflète son futur immédiat qui est le présent des autres peuples modernes. Il y a une inadéquation entre la pensée allemande et la réalité allemande comme le confirment les propos suivants :

> « De même que les peuples de l'antiquité ont vécu leur préhistoire en imagination dans la mythologie, de même, nous autres Allemands avons vécu notre histoire à venir en pensée, dans la philosophie. Nous sommes *[nous Allemands bien sûr]* sur le plan philosophique, les contemporains de l'actualité, sans en être historiquement les contemporains. La philosophie allemande est le prolongement idéal de l'histoire allemande. »[71]

Pour que la réalité allemande et la philosophie allemande puissent correspondre, il faut une activité critique qui soit une critique philosophique et qui montre que la philosophie allemande est une abstraction, une aliénation ou une pure idéologie ne reflétant pas la réalité du peuple allemand. Les

---

un foisonnement théorique, il y a un réel décalage entre une telle théorie et la réalité allemande. Les changements en Allemagne sont le fait d'une intervention non intérieure, mais extérieure, l'idéologie allemande sombre dans la passivité. Marx critique la philosophie allemande, car une telle philosophie rompt avec ses sources (la pensée humaine ne bénéficie pas d'une absolue autonomie, les créations de la société renient au fil du temps leur origine, nées d'une base, elles se développent et gagnent une certaine autonomie). Les philosophes Allemands ont une vue étriquée, car n'ayant pas perçu le lien entre leur pensée et leur réalité ; on ne peut pas résoudre les problèmes réels par des changements d'idées, ce qui ne signifie nullement pour Marx que la théorie n'a pas une quelconque importance.

[70] Marx note ce qui suit : « La philosophie allemande du droit et de l'État est la seule histoire allemande qui se trouve au niveau de l'actualité moderne officielle. » Karl Marx, « Contribution à la critique de la philosophie du droit de Hegel. Introduction », in Karl Marx, *Critique du droit politique hégélien*, Paris, Éditions Sociales, 1975, p. 203.

[71] Karl Marx, « Critique de la philosophie du droit de Hegel. Introduction », in Karl Marx et Friedrich Engels, *Sur la religion*, Paris, Éditions Sociales, 1972, p. 47.

Allemands en plus de critiquer leur réalité matérielle, doivent critiquer leur réalité imaginaire (leur philosophie). La liberté allemande, à en croire Marx, ne saurait consister en une simple négation de la situation présente de l'Allemagne, ni à la réalisation d'une situation que la philosophie conçoit en pensée (une telle réalité étant dépassée par les peuples modernes) :

> « Si je nie la situation de l'Allemagne en 1843, je me trouve, d'après le calendrier français, à peine en 1789, et bien moins encore au centre de l'actualité. »[72]

Marx montre l'utilité de l'union du parti politique théorique et du parti politique pratique allemands pour une désaliénation philosophique et matérielle[73], pour une rupture totale avec l'idéologie.

Le parti politique pratique qui exige la négation de la philosophie, car celle-ci ne reflétant pas la réalité allemande, ne doit tout de même pas négliger l'importance de la philosophie, la négation de la philosophie ne peut être effective que si ce parti considère la philosophie non comme

---

[72] *Ibid.*, p. 41.

[73] La tant discutée XIe thèse de Marx sur Feuerbach qui est logiquement l'aboutissement des dix précédentes thèses, loin d'être un appel aveugle à la transformation du monde, montre la relation étroite qu'entretient la philosophie avec la vie sociale. Pour Marx, le matérialisme et l'idéalisme sont très limités : le matérialisme ne conçoit le réel qu'en tant qu'objet en négligeant la dimension subjectivo-active ; l'idéalisme par opposition au matérialisme prend en compte la dimension active et subjective tout en la séparant de la vie sociale. Marx est ainsi critique aussi bien à l'égard de l'idéalisme qu'à l'égard du matérialisme. L'opposition du matérialisme et de l'idéalisme est le signe du dualisme de la philosophie occidentale (sujet/objet), Marx veut dépasser une telle opposition. Sa démarche ne conduit pas à une opposition de la pensée et de l'être. Pour Marx, l'objet de la pensée est déterminée de manière historique : la pensée doit être comprise en fonction de la vie sociale. En termes explicites, la critique marxienne s'attaque aussi bien à la théorie qui s'affranchit de la réalité pour s'autonomiser qu'à la praxis qui relègue la théorie dans l'oubli : la pensée doit saisir les problèmes en relation avec la réalité sociale.

une réalité autonome et étrangère à la réalité allemande, mais comme une réalité lui appartenant totalement et intégralement :

> « Vous ne pouvez abolir la philosophie, sans la réaliser. »[74]

Le parti politique théorique à son tour commet l'erreur de considérer que son combat est un combat purement philosophique, sans pour autant considérer la philosophie comme une réalité appartenant au monde allemand :

> « Il a cru pouvoir réaliser la philosophie sans l'abolir. »[75]

Pour Marx, avec une critique radicale qui renverse tous les rapports sociaux, l'Allemagne peut parvenir au niveau des peuples modernes. Ce radicalisme de la théorie allemande est mis en évidence par la critique de la religion qui conduit à la conclusion selon laquelle Dieu n'est qu'une création de l'homme et qu'il faut renverser tous les rapports qui aliènent l'homme :

> « Être radical, c'est prendre les choses à la racine. Mais la racine pour l'homme, c'est l'homme lui-même. La preuve évidente du radicalisme de la théorie allemande, donc de son énergie pratique, est qu'elle a pour point de départ l'abolition résolue et positive de la religion. »[76]

Il faut noter que dans *L'Idéologie allemande*, Marx remet en cause l'aliénation philosophique (l'idéologie) qui consiste à accorder à la pensée une autonomie, à croire que celle-ci fonde et explique la réalité matérielle. Cependant, le terme ou le concept d'"aliénation" est aussi utilisé dans un tel texte pour faire référence à la division sociale du travail. Le concept d'aliénation est ainsi utilisé pour expliquer non une inversion qui existe dans la philosophie, mais pour rendre compte ou pour mettre en évidence la division du travail :

---

[74] *Ibid.*, p. 48.
[75] *Ibid.*, p. 49.
[76] *Ibid.*, p. 50.

> « Et enfin la division du travail nous offre immédiatement le premier exemple du fait suivant : aussi longtemps que les hommes se trouvent dans la société naturelle, donc aussi longtemps qu'il y a scission entre l'intérêt particulier et l'intérêt commun, aussi longtemps donc que l'activité n'est pas divisée volontairement, mais du fait de la nature, l'action propre de l'homme se transforme pour lui en puissance étrangère qui s'oppose à lui et l'asservit, au lieu qu'il la domine. »[77]

Avec la division du travail, le produit social domine l'individu, la force productive qui naît de la coopération entre les hommes, leur apparaît comme une puissance étrangère qui les domine. Marx utilise le concept d'"aliénation" pour nommer ou désigner cette puissance de la puissance sociale qui naît du travail des hommes et qui leur apparaît illusoirement comme autonome.

Dans *L'Idéologie allemande*, Marx montre qu'avec la division du travail apparaît l'opposition entre l'intérêt particulier et l'intérêt collectif. Une telle opposition du particulier et du collectif, conduit l'intérêt collectif à s'autonomiser et à prendre la forme d'une communauté qui du reste est illusoire :

> « Précisément parce que les individus ne cherchent que leur intérêt particulier, – qui ne coïncide pas pour eux avec leur intérêt collectif, l'universalité n'étant somme toute qu'une forme illusoire de la collectivité, – cet intérêt est présenté comme un intérêt qui leur est "étranger", qui est "indépendant" d'eux et qui est lui-même à son tour un intérêt universel spécial et particulier *[…]* »[78]

Une telle aliénation ne peut être abolie, à en croire Marx, que si deux conditions sont réunies :

[77] Karl Ma et Friedrich Engels, *L'Idéologie allemande*, *op. cit.*, p. 62.
[78] *Ibidem.*

> « Cette aliénation, – pour que notre exposé reste intelligible aux philosophes –, ne peut naturellement être abolie qu'à deux conditions pratiques. »[79]

D'une part, il faut qu'elle (l'aliénation) parvienne à son point culminant qui ferait de la masse de la population, une masse privée de toute propriété face à une minorité qui accapare toutes les richesses. D'autre part, il faut que le développement fulgurant des forces productives qui est une réalité indispensable fasse de l'histoire une histoire mondiale, un tel développement permet les échanges mondiaux faisant que chaque pays dépend des autres pays, les bouleversements de certains pays se feront sentir par d'autres pays. Seules ces deux conditions peuvent permettre de supprimer une telle aliénation.

Cependant, il faut noter que l'usage du concept d'aliénation dans *L'Idéologie allemande*, concept accolé à la division du travail, n'est pas soumis à une analyse rigoureuse ou détaillée. Le concept d'aliénation y apparaît de manière fragmentaire, il n'est pas soumis à une analyse conceptuelle comme ce fut le cas dans le texte qui le précède, *les Manuscrits parisiens*, ou les textes qui lui sont postérieurs, *Misère de la philosophie*, *Les Grundrisse*, *Le Capital,* où il est soumis à une analyse détaillée et très rigoureuse.

L'Idéologie allemande pose certes les premiers principes du matérialisme historique, critique l'aliénation philosophique, le concept d'aliénation quasiment absent dans ce texte apparaît d'une manière subite pour faire référence à la division du travail qui l'explique. Mais, un tel texte n'élabore pas de manière rigoureuse et élaborée les principes matérialistes qui remettent en cause les abstractions idéalistes.

---

[79] *Ibid.*, p. 63.

Dans une Préface de 1886 de son ouvrage *Ludwig Feuerbach et la fin de la philosophie classique allemande*, Engels note clairement ce qui suit :

> « Avant d'envoyer ces lignes à l'impression, j'ai ressorti et regardé une fois, le vieux manuscrit de 1845-1846. Le chapitre sur Feuerbach n'est pas terminé. La partie rédigée consiste en un exposé de la conception matérialiste de l'histoire, qui prouve seulement combien nos connaissances d'alors en histoire économique étaient incomplètes. »[80]

Engels note dans une telle Préface de manière très explicite que leur véritable rupture avec l'idéologie allemande ou la philosophie allemande[81] ne se situe pas dans *L'Idéologie allemande*, car leurs connaissances de l'époque n'étaient pas trop satisfaisantes. Dans un tel texte, ils partent certes en guerre contre la philosophie spéculative de leurs contemporains en élaborant une nouvelle conception, mais ils n'avaient pas pour autant rompu de manière définitive avec leur ancienne conception. Engels montre d'ailleurs qu'en rédigeant son ouvrage cité précédemment, il ne s'est pas référé à *L'Idéologie allemande*, mais plutôt aux fameuses onze *Thèses sur Feuerbach*, elles constituent, à l'en croire, les vrais germes du matérialisme.

[80] Friedrich Engels, « *Ludwig Feuerbach et la fin de la philosophie classique allemande* », in Karl Marx et Friedrich Engels, *Etudes philosophiques*, Paris, Éditions Sociales, 1961, p. 14.

[81] Engels, coauteur de la *Deutsche Ideologie*, comprenait sans doute mieux les intentions de Marx dans l'élaboration de sa théorie de l'idéologie (voir clair en nous-mêmes). La notion d'idéologie émerge sous la plume de Marx et d'Engels pour permettre un certain règlement de comptes : « La notion n'a pas été produite pour elle-même, en référence à quelque objet encore méconnu, dans la foulée d'un travail conceptuel ou autonome désintéressé. Elle vient remplir une case dans un puzzle que Marx n'a pas inventé, ni remodelé, mais reçu en l'état, tel que Hegel l'a découpé », Régis Debray, *Critique de la raison politique ou l'inconscient religieux*, Gallimard, 1981, p. 131.

Dans *L'Idéologie allemande*, Marx pose certains principes du matérialisme, mais n'élabore pas de manière scientifique de tels principes. Dans la fameuse Préface[82] de 1859, c'est-à-dire quatorze ans après *L'Idéologie allemande*, après avoir étudié de prés l'économie politique, la société capitaliste ou la bourgeoisie, il met en évidence avec une rigueur d'analyse certaine, sa conception matérialiste. Marx montre que les hommes, dans la production matérielle de leur existence, entrent en rapports, de tels rapports qui constituent la structure économique de la société (l'infrastructure, terminologie utilisée par certains commentateurs de la pensée de Marx), déterminent

[82] Engels montre que les Allemands étaient au niveau des autres peuples en matière de théorie et ils les dépassaient d'ailleurs sous certains angles. Mais en économie politique, les Allemands ne s'y connaissaient pas trop, car la science de l'économie politique suppose une société bourgeoise assez avancée, or tel n'était pas le cas en Allemagne, la bourgeoisie n'étant pas développée à l'époque : « Dans tous les domaines scientifiques, les Allemands ont prouvé depuis longtemps qu'ils étaient à la hauteur des autres nations et dans la plupart qu'ils leur étaient supérieurs. Une seule science ne comptait pas un seul nom allemand parmi ses coryphées : l'économie politique. La raison est toute simple. L'économie politique est l'analyse théorique de la société bourgeoise moderne et suppose, par conséquent, des conditions bourgeoises développées, conditions qui, en Allemagne, depuis les guerres de la Réforme et des paysans et surtout depuis la guerre de Trente ans, n'ont pu réellement s'établir durant des siècles », Engels, « La contribution à la critique de l'économie politique de Karl Marx », in Karl Marx et Friedrich Engels, *Etudes philosophiques*, *op. cit.*, p. 103.
Pour Engels, l'économie politique allemande scientifique date de la Préface de 1859 de Marx qui coïncide avec l'apparition du prolétariat allemand, la découverte de Marx est révolutionnaire, elle expose une conception matérialiste de l'histoire. Marx exposant les principes du matérialisme historique révolutionne non seulement la théorie, mais la pratique : « Toutes les relations de la société et de l'État, tous les systèmes religieux et juridiques, toutes les vues théoriques qui surgissent dans l'histoire ne peuvent être comprises que si les conditions de vie matérielles de l'époque correspondantes sont comprises et que si les premières sont déduites de ces conditions matérielles », *Ibid.*, p. 105.

l'ensemble de leurs nombreuses et diverses représentations spirituelles. Ce qui montre d'une manière ou d'une autre que l'autonomie ou l'indépendance de la conscience ou des représentations spirituelles, est une pure illusion.

Voulant totalement remettre en cause l'autonomie de la conscience, Marx note qu'on ne saurait juger une époque de bouleversement sur sa propre conscience, sa propre représentation, en un mot sur ce que l'époque dit sur elle-même et d'elle-même. Pour comprendre un tel bouleversement, il faut nécessairement analyser les conflits qui existent entre les forces productives et les rapports de production, les conflits qui existent dans la vie matérielle. Un tel bouleversement se produit aussi bien au niveau matériel qu'au niveau spirituel :

> « Pas plus qu'on ne juge un individu sur l'idée qu'il se fait de lui-même, on ne saurait juger une telle époque de bouleversement sur sa conscience de soi ; il faut, au contraire, expliquer cette conscience par les contradictions de la vie matérielle, par le conflit qui existe entre les forces productives sociales et les rapports de production. »[83]

La critique opérée par Marx consiste à partir des prémisses réelles pour en faire dériver les illusions que constituent les représentations spirituelles. Le ciel ne peut pas servir de base pour expliquer la terre, mais c'est au contraire la terre qui permet de comprendre le ciel. Les hommes concrets, réels et qui produisent réellement doivent être les seuls principes explicatifs de telles représentations. Ces dernières ne peuvent servir de principes pour expliquer l'activité matérielle des hommes. La base matérielle est le fondement de l'idéologie ; elle en dérive :

[83] Karl Marx, « Contribution à la critique de l'économie politique. Préface », in Karl Marx, *Contribution à la critique de l'économie politique, op. cit.*, p. 5.

> « La tête ne doit pas être en bas mais en haut, ce n'est pas le ciel mais la terre qui doit servir de sol : ce sont les hommes en chair et en os, les hommes dans leur activité réelle qui doivent servir de principe, non leur langage ni leur représentation, simples reflets et échos. »[84]

La conscience a un contenu qui vient du monde extérieur, ce qui montre qu'il faut chercher les origines des idéologies, des représentations spirituelles dans les conditions socio-historiques, car de telles représentations ont des origines terrestres malgré leur apparente indépendance comme le confirment ces propos éloquents de Vadée :

> « L'explication marxienne des représentations idéologiques est célèbre ; c'est une explication causale : elle assigne à des événements "spirituels" des causes "matérielles". »[85]

Il y a une relation étroite entre la conscience humaine et la pratique humaine. Les produits de la conscience dépendent de l'activité matérielle des hommes. Les connaissances que l'homme a de la nature et des lois qui la régentent, les rapports que l'homme entretient avec la nature ainsi que les rapports qu'il entretient avec le mouvement de la réalité, dépendent de l'activité matérielle. Tout changement dans le processus social, dans la production matérielle des hommes, entraîne un changement dans leurs productions intellectuelles :

> « Dans leur connaissance, les hommes dépendent essentiellement de leur activité de production matérielle, au cours de laquelle ils appréhendent progressivement les phénomènes de la nature, ses propriétés ; ses lois, ainsi que les rapports de l'homme avec la nature ; et par leur activité de production, ils apprennent également à connaître, à des degrés différents et d'une manière progressive, les rapports déterminés existants entre les hommes. De toutes ces

[84] Sarah Kofman, *Camera obscura de l'idéologie*, Éditions Galilée, 1973, p. 15.

[85] Michel Vadée, *Marx penseur du possible*, *op. cit.*, p. 117.

connaissances, aucune ne saurait s'acquérir en dehors de l'activité de production. »[86]

L'Idéologie allemande peut sous certains angles être considéré comme une autocritique. En plus d'être un moyen de poser certains points fondamentaux de leur conception matérialiste, un tel texte est ce qui leur a permis de se débarrasser, de remettre en cause leur ancienne conception. Ce qui montre d'une manière ou d'une autre que Marx et Engels ont eu à partager la conception de la philosophie idéologique allemande. Dans ledit texte, ils ont fait une autocritique ou un examen de leur propre conscience philosophique :

> « Nous résolûmes de travailler en commun à dégager l'antagonisme existant entre notre manière de voir et la conception idéologique de la philosophie allemande ; en fait de régler nos comptes avec notre *[propre]* conscience philosophique d'autrefois. Ce dessein fut réalisé sous la forme d'une critique de la philosophie post-hégélienne. Nous abandonnâmes d'autant plus volontiers le manuscrit *[L'Idéologie allemande]* à la critique rongeuse des souris que nous avons atteint notre but principal, voir clair en nous-mêmes. »[87]

Cependant, il faut noter que *L'Idéologie allemande* pose beaucoup de problèmes qu'il n'en résout. En effet, dans ce texte où Marx est censé remettre en cause la philosophie qui y est considérée comme l'idéologie, il y utilise de manière subite deux métaphores pour expliquer le processus d'inversion qui existe dans l'idéologie :

> « Et, si, dans toute l'idéologie, les hommes et leurs rapports nous apparaissent placés la tête en bas comme dans une

[86] Mao Tse Toung, « *De la Pratique* », in Mao Tse-Toung, *Œuvres Choisies Tome I*, Pékin, Éditions en Langues étrangères, 1967, p. 329.

[87] Karl Marx, « Contribution à la critique de l'économie politique. Préface », in Karl Marx, *Contribution à la critique de l'économie politique, op. cit.*, p. 5.

> camera obscura, ce phénomène découle de leur processus de vie historique, absolument comme le renversement des objets sur la rétine découle de son processus de vie historique. »[88]

Marx note que le renversement idéologique s'explique par la vie matérielle en utilisant deux métaphores pour illustrer un tel renversement. La première métaphore est celle de la camera obscura : on sait que dans la camera obscura les objets sont toujours inversés, une telle inversion est liée à la nature de la camera obscura. La deuxième métaphore est celle de la rétine : on sait que l'œil ne peut voir les objets que de manière renversée, un tel fait est lié à sa nature, les objets lui viennent du dehors, un tel renversement est éternel comme celui qui existe dans la camera obscura.

En utilisant ces deux métaphores qui reflètent un processus mécanico-physique pour illustrer un processus socio-historique, Marx veut-il dire que l'idéologie est éternelle ? Les deux métaphores aboutissent fatalement à une conception éternitaire de l'idéologie.

On serait tenté de dire que Marx, malgré sa volonté de remettre en cause la spéculation philosophique dans *L'Idéologie allemande*, est resté dans un tel texte dans la spéculation (ces deux métaphores (celle de la camera obscura et celle de la rétine) ne permettant pas de rompre avec la spéculation), ceci nous semble être la conséquence théorique de l'usage de cette double métaphore :

> « Décrire l'idéologie comme une camera obscura, n'est ce pas en rester, ce que Marx reprochait à Feuerbach, au niveau d'une critique spéculative qui voit les rapports religieux comme une transposition au ciel des rapports humains,

[88] Karl Marx et Friedrich Engels, *L'Idéologie allemande*, *op. cit.*, pp. 50-51.

critique qui, parce que spéculative, est incapable d'expliquer l'autonomie apparente de la religion ? »[89]

Les modèles de la camera obscura et de la rétine ne permettent pas de sortir de l'idéologie ou de la spéculation, le renversement du renversement effectué par Marx ne peut pas produire les effets escomptés. Cependant, en interrogeant certains textes de Marx, on sent qu'il y a la possibilité d'un dépassement de l'idéologie, celle-ci n'étant pas éternelle. De ce fait, on peut voir dans le texte abstrait mais très riche du *Capital*, une rectification ou une certaine correction de la part de Marx de son usage des deux métaphores utilisées dans *L'Idéologie allemande.* Dans *Le Capital,* pour résoudre et comprendre le caractère énigmatique des produits sociaux, Marx recourt à l'analogie religieuse :

> « Pour trouver une analogie à ce phénomène, il faut la chercher dans la région nuageuse du monde religieux. Là les produits du cerveau humain ont l'aspect d'être indépendants, doués de corps particuliers, en communication avec les hommes et entre eux. Il en est de même des produits de la main de l'homme dans le monde marchand. C'est ce qu'on nomme le fétichisme attaché aux produits du travail, dès qu'ils se présentent comme marchandises, fétichisme inséparable de ce mode de production. »[90]

Les idées religieuses de même que les marchandises (produits par les hommes), donnent l'illusion d'être autonomes, lorsqu'elles sont coupées de leur origine réelle. C'est ce qui explique d'ailleurs la fixation dans les nuages des idées religieuses et le caractère énigmatique de toutes les marchandises.

La religion en plus d'être une forme de l'idéologie est la forme parfaite de toute idéologie, le prototype de l'idéologie,

---

[89] Sarah Kofman, *Camera obscura de l'idéologie*, *op. cit.*, p. 19.
[90] Karl Marx, *Le Capital I*, Paris, Garnier Flammarion, 1969, p. 69.

car la caractéristique de toute idéologie à savoir l'autonomie est parfaitement illustrée dans la religion :

> « Dire que le caractère fantastique de la marchandise est analogue à celui de la religion, c'est dire qu'il est analogue ou à un objet idéologique particulier ou à tout objet idéologique. »[91]

La marchandise, si elle est coupée des rapports sociaux et humains de travail, devient énigmatique. Dans la religion également, du fait de l'oubli de son origine, les illusions deviennent autonomes. La valeur d'échange des marchandises efface leurs caractères sociaux. Les marchandises deviennent ainsi des miroirs réciproques. Le processus idéologique est analogue à celui du monde des marchandises.

Le Capital montre d'une certaine manière les limites de la métaphore optique, ce que ne faisait pas *L'Idéologie allemande*. Dans la métaphore optique, il s'agit d'un rapport physique entre deux choses purement physiques, alors que dans la marchandise il s'agit d'un rapport social qui se prend pour un rapport physique entre les choses. Marx, dans *Le Capital*, remplace l'analogie optique par l'analogie religieuse :

> « Si l'analogie religieuse est meilleure que l'analogie optique, c'est que celle-ci ne doit pas convenir pour décrire l'idéologie. *Le Capital* interdit désormais de dire que dans l'idéologie tout se passe absolument comme sur la rétine. La métaphore de la camera obscura est inapte à dire le renversement idéologique. »[92]

On ne saurait trop insister sur les différences des usages de certaines métaphores qui existent entre *L'idéologie allemande* et *Le Capital* au risque d'anticiper sur certains développements de certaines parties du travail. Mais, il faut

---

[91] Sarah Kofman, *Camera obscura de l'idéologie*, *op. cit.*, pp. 22-23.
[92] *Ibid.*, p. 26.

rigoureusement noter que *L'Idéologie allemande* n'est pas *Le Capital* et vice versa.

Cependant, il faut souligner que *L'Idéologie allemande* fait apparaître une difficulté non négligeable : l'idéologie ne permet, en apparence, aucune possibilité de transformation du réel, du monde matériel. Elle exprime le monde social inversé sans pour autant mettre en avant les conditions de possibilité de transformation des rapports sociaux qu'elle a tant dissimulés.

En effet, si l'idéologie entre en contradiction avec sa base matérielle c'est simplement parce qu'une telle base est devenue contradictoire elle-même et que l'idéologie ne peut plus inverser l'ordre social. En un mot, le processus de transformation de la réalité n'est pas déclenché d'emblée au niveau idéologique, un tel niveau ne fait que suivre une contradiction émanant de la base matérielle. L'idéologie n'est pas ce qui initie le processus de transformation de la réalité. Posons-nous alors la question suivante : qu'est-ce qu'en réalité pour l'idéologie, entrer en contradiction avec sa base matérielle ? Cela signifie-t-il que l'idéologie ne saurait plus inverser l'ordre social, ne saurait plus donner une image inversée de la réalité ? En d'autres termes, l'idéologie dominante peut-elle se muer en une expression objective et scientifique de la réalité au détriment de sa classe et en faveur de la classe dominée ? La réponse, en suivant le texte marxo-engelsien, semble négative :

> « Nous retrouvons ici la division du travail que nous avons rencontrée précédemment comme l'une des puissances capitales de l'histoire. Elle se manifeste aussi dans la classe dominante sous forme de division entre le travail intellectuel et le travail matériel, si bien que nous aurons deux catégories d'individus à l'intérieur de cette même classe. Les uns seront les penseurs de cette classe (les idéologues actifs, qui réfléchissent et tirent leur substance principale de l'élaboration de l'illusion que cette classe se fait sur elle-

> même) tandis que les autres auront une attitude plus passive et plus réceptive en face de ces pensées et de ces illusions, parce qu'ils sont, dans la réalité, les membres actifs de cette classe et qu'ils ont moins de temps pour se faire des illusions et des idées sur leurs propres personnes. À l'intérieur de cette classe, cette scission peut même aboutir à une certaine opposition et à une certaine hostilité des deux parties en présence. Mais, dès que survient un conflit pratique où la classe tout entière est menacée, cette opposition tombe d'elle-même, tandis que l'on voit s'envoler l'illusion que les idées dominantes ne seraient pas les idées de la classe dominante et qu'elles auraient un pouvoir distinct du pouvoir de cette classe. L'existence d'idées révolutionnaires à une époque déterminée suppose déjà l'existence d'une classe révolutionnaire *[...]* »[93]

Ces propos de Marx et d'Engels signifient que toute critique de l'idéologie, si elle veut être objective et efficace ne doit nullement émaner de la classe dominante elle-même. Les idéologues d'une telle classe, agissant pour leurs propres intérêts, ne sauraient être objectifs. L'exemple des Jeunes-Hégéliens est parlant à ce sujet : ils voulaient transformer l'ordre social par un renversement de l'idéologie. Ils démystifiaient l'ordre social à partir d'une conception déjà établie par la classe dominante. Au lieu de se libérer totalement, ils renforçaient leur propre statut de dominés, d'aliénés, d'illusionnés et d'idéologues.

L'Idéologie allemande nous permet de comprendre l'origine et la possibilité de la contradiction. En suivant la logique de l'argumentation marxo-engelsiennne, s'il y a une contradiction entre l'idéologie dominante et les rapports sociaux, à l'intérieur de l'idéologie dominante, c'est parce qu'en réalité l'organisation de la société est le lieu où peut émerger une contradiction entre forces productives et rapports de production, mais aussi et surtout s'il y a

[93] Karl Marx et Friedrich Engels, *L'Idéologie allemande, op. cit.*, p. 76.

contradiction, elle est due à l'existence d'une classe révolutionnaire avec une idéologie révolutionnaire. Affirmons pour l'instant, sans être péremptoires, ce qui suit : aucun idéologue appartenant à la classe dominante, ne peut, à l'intérieur de cette même classe, transformer l'ordre social existant. Il faut également noter que la division du travail ouvre à l'intérieur même de la classe dominante entre les deux groupes différents (ceux qui s'occupent de la production matérielle et ceux qui s'occupent de la production idéologique, les idéologues), une certaine dissension même si à ce niveau du texte marxo-engelsien, une telle dissension ne saurait aboutir à une transformation radicale de la société. Marx et Engels ne mettent pas en valeur l'idée selon laquelle les idéologues dissidents peuvent jouer un certain rôle en rejoignant la classe prolétarienne/révolutionnaire.

Soulignons dans le texte marxo-engelsien deux idées qui, à première vue, semblent très contradictoires : première affirmation :

> « La véritable solution pratique de cette phraséologie, l'élimination de ces représentations dans la conscience des hommes, ne sera réalisée, répétons-le, que par des déductions théoriques. Pour la masse des hommes, c'est-à-dire pour le prolétariat, ces représentations théoriques n'existent pas, donc pour cette masse elles n'ont pas non plus besoin d'être supprimées et, si celle-ci a jamais eu quelques représentations théoriques telles que la religion, il y a longtemps déjà qu'elles sont détruites par les circonstances »[94], deuxième affirmation : « Les pensées de la classe dominante sont aussi, à toutes les époques, les pensées dominantes, autrement dit la classe qui est la puissance matérielle dominante de la société est aussi la puissance dominante spirituelle. La classe qui dispose des moyens de la production matérielle dispose, du même coup, des moyens de la production intellectuelle, si bien que, l'un

[94] *Ibid.*, p. 72.

> dans l'autre, les pensées de ceux à qui sont refusés les moyens de production intellectuelle sont soumises du même coup à cette classe dominante. »[95]

Dans la première affirmation, Marx et Engels semblent soutenir de façon catégorique que la classe prolétarienne, classe révolutionnaire par essence, demeure imperméable aux idées venant de la classe dominante, de telles idées ne sauraient la pénétrer et l'influencer. Dans la seconde affirmation, ils semblent certifier que l'idéologie dominante pénètre l'ensemble de la société. Il nous semble alors que Marx et Engels hésitent entre deux conceptions bien articulées de l'idéologie dominante et de sa réception par la classe dominée. Les conséquences théoriques qu'on peut logiquement tirer de ce constat sont les suivantes : si la classe dominée est imperméable à toute idéologie venant du dehors, c'est-à-dire de la classe dominante, alors la lutte idéologique est vaine pour la transformation de l'ordre social et la libération du prolétariat. Si au contraire la thèse selon laquelle la classe dominée est affectée par les idées de la classe dominante est vraie, alors la lutte idéologique trouve son importance et est valablement justifiée. Dans ce cas, une telle lutte doit être menée par la frange révolutionnaire de la classe prolétarienne, aidée si nécessaire par ceux qui comprennent le mouvement de la réalité, les théoriciens capables, du fait de leur propre expérience, d'apporter ce qui manque aux prolétaires révolutionnaires. L'idée marxo-engelsienne selon laquelle l'idéologie dominante ne se limite qu'à la classe dominante apparaît très limitée si l'on met en évidence la contradiction avec l'idée de sa diffusion dans la classe dominée et l'incompatibilité avec la source de l'idéologie.

À en croire Marx, l'origine de l'idéologie se confond avec l'origine des religions. En effet, fruits de la première division

[95] *Ibid.*, p. 75.

du travail, les prêtres fondent leur pouvoir ou celui de la classe dominante sur l'usage des idées et des représentations idéologiques. Un tel usage ne se limite nullement à la classe dominante. On n'utilise pas de telles représentations que pour les membres de la classe dominante. Les idées détenues par les membres de la classe dominante sont une force matérielle qui vient de la réalité du rapport productif de l'homme avec son milieu naturel et y retourne. L'idéologie joue alors un rôle qui bien que dérivé de la réalité matérielle, est en même temps un rôle de légitimation et de régulation de l'ordre social, de l'ordre de la production et qui n'est mystificateur que pour la classe des dominés, dépourvue des moyens de la connaissance authentique et objective.

Marx ne peut plus alors caractériser l'idéologie dominante comme l'illusion que les membres de la classe dominante se font sur eux-mêmes et sur leur activité matérielle. Elle est plutôt l'illusion que la classe dominante produit et favorise dans la classe des exploités afin de continuer à l'asservir. Il est donc manifeste que l'idéologie ne saurait être considérée comme un reflet sans effet externe tel que le texte marxo-engelsien le laisse supposer.

Le texte marxo-engelsien semble dire d'une part, que l'idéologie est dépourvue de toute efficacité externe. Elle serait une réalité produite par la classe dominante, une réalité auto-mystificatrice sans aucun effet externe. Cette possibilité de lecture conduit à l'idée selon laquelle aucune transformation historique et pratique ne peut émaner des représentations idéologiques. En termes clairs, aucune modification des représentations idéologiques ne saurait affecter le processus historique. Ce qui revient à dire que les changements notés dans les sociétés humaines ne proviennent que des changements survenus au niveau des forces productives et dans la transformation de leurs liens avec le mode de production. Une telle conception qui apparaît dans le texte marxo-engelsien conduit à une absurdité/nullité de la lutte idéologique. D'autre part, on s'aperçoit que l'on ne saurait, dans le texte marxo-engelsien, considérer l'idéologie comme un reflet sans effet externe. Cette conception met en lumière l'utilité de l'idéologie et son rôle prépondérant dans l'organisation sociale. Voulant mettre en relief le primat du matériel sur le spirituel, Marx et Engels avaient tendance, dans leur texte, à négliger cette conception qui met en évidence la fonction de l'idéologie dans l'organisation sociale.

Revenant sur l'importance que Marx accorde à la base économique en refusant sous certains angles, une certaine autonomie aux représentations spirituelles, on peut être tenté de réduire la pensée marxienne à un pur et simple économisme. Cependant, en interrogeant les textes de Marx surtout ceux qui ont une dimension politique très affirmée, une telle réduction ne saurait être justifiée et justifiable. Car affirmer que Marx réduit tout à l'économie de manière mécanique, reviendrait à nier l'importance des idéologies ou de la théorie dans la pensée marxienne.

Engels, dans une lettre à Bloch, reconnaissant leur faute dans la tendance à réduire leur pensée à un pur économisme, faute justifiée par leur commune volonté d'affirmer face à leurs détracteurs le rôle de la base économique que ces derniers niaient, réfute tout économisme de leur pensée en restaurant l'importance non négligeable des représentations superstructurelles :

> « C'est Marx et moi-même, partiellement, qui devons porter la responsabilité du fait que, parfois, les jeunes donnent plus de poids qu'il ne lui est dû au côté économique. Face à nos adversaires, il nous fallait souligner le principe essentiel nié par eux, et alors nous ne trouvions toujours pas le temps, le

lieu, ni l'occasion de donner leur place aux autres facteurs qui participent à l'action réciproque. »[96]

Engels affirme que c'est certes le facteur économique qui est déterminant, mais cela ne veut pas dire que les autres facteurs n'entrent pas en jeu ou sont hors-jeu. Le facteur économique n'est pas le seul déterminant et vouloir lui conférer, à lui tout seul, le statut d'unique facteur déterminant, aboutirait à une conception mécanique, rigide et unilatérale :

> « D'après la conception matérialiste de l'histoire, le facteur déterminant dans l'histoire, est en *dernière instance (c'est Engels qui souligne)* la production et la reproduction de la vie matérielle. Ni Marx, ni moi n'avons jamais affirmé davantage. Si, ensuite, quelqu'un torture cette proposition pour lui faire dire que le facteur économique est le seul déterminant, il la transforme en une phrase vide, abstraite, absurde. La structure économique est la base, mais les divers éléments de la superstructure *[...]* exercent également leur action sur le cours des luttes historiques et, dans beaucoup de cas, en déterminant de façon prépondérante la forme. »[97]

L'économique peut déterminer le politique tout comme ce dernier peut le déterminer en retour : il y a une relation dialectique entre l'économique et le politique, ce qu'Engels confirme de manière explicite dans ces propos :

> « Nous faisons notre histoire nous-mêmes, tout d'abord, avec des prémisses et dans des conditions très déterminées. Entre toutes, ce sont les conditions économiques qui sont finalement déterminantes. Mais les conditions politiques,

---

[96] Friedrich Engels « Lettre à Joseph Bloch, Londres 21 Septembre 1890 », in Karl Marx et Friedrich Engels, *Etudes philosophiques*, *op. cit.*, p. 156.
[97] *Ibid.*, p. 154.

> etc. ; voire même la tradition qui hante les cerveaux des hommes, jouent également un rôle, bien que non décisif. »[98]

On ne saurait expliquer tous les phénomènes de la vie sociale de manière mécanique par le seul facteur économique, bien qu'il soit important, il n'est pas l'unique facteur actif, il est dans une totalité où tous les facteurs sont interdépendants et s'influencent mutuellement. Ce qui revient à dire que Marx ne minimise nullement le rôle des représentations spirituelles, de la prise de conscience dans l'histoire. Les idées ou les représentations spirituelles jouent des rôles importants et non négligeables, autrement dit, les idées peuvent revenir sur le réel pour influencer sa marche :

> « La superstructure autonomisée réagit sur la base dont elle provient, et ceci de diverses manières. »[99]

Pour Marx et Engels, l'histoire est un processus dialectique, c'est-à-dire qu'il n'y a pas de déterminisme unilatéral, on ne saurait tout réduire à la base économique. Les idées jouent un rôle dans le cours de l'histoire.

Les hommes trouvent certes des rapports déjà existants qu'ils n'ont pas établis et qui les déterminent, néanmoins, ils agissent de par leurs idées sur l'histoire, sur les conditions matérielles d'existence pour les transformer ou les améliorer. L'histoire n'est pas une fatalité, c'est l'homme qui fait l'histoire en se faisant. Autrement dit, pour Marx, les hommes trouvent des rapports qui s'imposent à eux, mais de tels rapports ont été créés par d'autres hommes, car c'est en voulant réaliser leur existence, subvenir à certains de leurs besoins que ces derniers créent de tels rapports, créent des structures sociales. Les hommes héritiers de ces rapports peuvent les transformer une fois qu'ils en ont pris conscience. Ceci montre d'une manière ou d'une autre que la structure économique détermine les représentations

[98] *Ibid.*, pp. 154-155.
[99] Jacques D'hondt, *L'Idéologie de la rupture*, Paris, PUF, 1978, p. 56.

spirituelles, mais ces dernières peuvent revenir sur elle pour la modifier :

> « Sans doute, l'arme de la critique ne peut – elle remplacer la critique des armes, la puissance matérielle ne peut être abattue que par la puissance matérielle, mais la théorie aussi devient une puissance matérielle dès qu'elle s'empare des masses. »[100]

Si les idées ou les représentations spirituelles ne pouvaient pas parfois influencer la base dont elles émanent, on ne saurait comprendre l'activité théorique et politique de Marx qui d'une certaine manière consiste en une lutte pour une réelle prise de conscience. Autrement dit, si Marx ne reconnaissait que le rôle de la base économique tout en négligeant celui des idées, ses textes souvent programmatiques ou politiques n'auraient aucun sens et seraient difficilement justifiables.

La représentation de la société comme édifice avec une base sur laquelle s'élève une superstructure montre que les différentes représentations spirituelles ne sont pas autonomes, mais émanent de la base de l'édifice. Une telle représentation illustre la conception marxienne selon laquelle, la base détermine en "dernière instance" le sommet. Cette détermination en dernière instance, pour reprendre Engels, met en évidence l'idée selon laquelle il y a une autonomie relative. En un mot, la base économique détermine certes la superstructure, mais il y a un rapport dialectique entre la base et la superstructure.

Marx ne se contente pas d'affirmer que quand la base économique de la société se transforme, les représentations politico-juridiques, les idéologies changent de manière mécanique, car de telles représentations peuvent survivre aux

---

[100] Karl Marx, « Critique de la philosophie du droit de Hegel. Introduction », in Karl Marx et Friedrich Engels, *Sur la religion*, *op. cit.*, p. 50.

conditions dont elles émanent : la correspondance entre la base et la superstructure n'est pas mécanique.

L'exemple de l'art grec que Marx utilise remet en cause l'idée d'une correspondance automatique entre la base et la superstructure, elle remet en cause l'idée d'un déterminisme intégral de la base. L'art fait partie de la superstructure, il n'a pas de développement ou d'histoire propres. Cependant, à en croire Marx, il y a une réelle inadéquation entre les représentations artistiques et la base économique. Le développement de l'art n'obéit pas mécaniquement et rigidement au développement des forces productives :

> « Pour l'art, on sait que certaines époques de floraison artistique ne sont nullement en rapport avec le développement général de la société, ni par conséquent avec celui de sa base matérielle, qui est pour ainsi dire l'ossature de son organisation. »[101]

Marx montre que la mythologie domine les forces de la nature par l'imagination et dans l'imagination. Une telle mythologie disparaît lorsque la technique domine les forces de la nature. Le sous-développement de l'antiquité grecque favorisait le rapport mythologique, cette mythologie engendrait l'art. L'art grec et l'épopée sont donc liés à certaines formes de développement social. Cependant, ce qui pose problème, c'est que bien que ces formes aient totalement disparues, l'art continue à fasciner encore les hommes, il reste vivant chez les hommes :

> « Toute mythologie maîtrise, domine les forces de la nature dans le domaine de l'imagination et par l'imagination et leur donne forme : elle disparaît donc quand ces forces sont dominées réellement *[…]* L'art grec suppose la mythologie grecque, c'est-à-dire l'élaboration artistique mais inconsciente de la nature et des formes sociales elles-mêmes

[101] Karl Marx, *Contribution à la critique de l'économie politique*, *op. cit.*, pp. 173-174.

> par l'imagination populaire. Ce sont là ses matériaux *[...]* Achille est-il compatible avec la poudre et le plomb ? Ou, somme toute, L'Iliade avec la presse ou encore mieux avec la machine à imprimer ? Est-ce que le chant, le poème épique, la Muse ne disparaissent pas nécessairement devant la barre du typographe, est-ce que ne s'évanouissent pas les conditions nécessaires de la poésie épique ? Mais la difficulté n'est pas de comprendre que l'art grec et l'épopée son liés à certaines formes de développement social. La difficulté réside dans le fait qu'ils nous procurent encore une jouissance esthétique et qu'ils ont encore pour nous, à certains égards, la valeur de normes et de modèles inaccessibles. »[102]

La critique marxienne de la philosophie classique allemande, considérée dans *L'Idéologie allemande* comme l'idéologie par excellence, montre les limites de l'illusion de l'antériorité, de l'autonomie et de la transparence des représentations spirituelles par rapport à la réalité. Marx, grâce à la critique feuerbachienne de la religion, a pu montrer que de telles représentations n'ont pas d'autonomie ni d'histoire propres. Cependant, Feuerbach qui a constitué un tournant important dans la critique marxienne de la philosophie classique de l'Allemagne contemporaine, sera remis en cause par Marx dans certains textes, pour son idéalisme, son inconséquence, il sera remis en cause parce qu'il est tout simplement, à l'instar des Jeunes-Hégéliens, un idéologue.

2- Feuerbach, un idéologue

Le rapport Marx/Feuerbach est, sous de nombreux angles, très complexe. Dans certains textes, Marx rend hommage à Feuerbach, il le magnifie, car à l'en croire, Feuerbach est le seul philosophe qui a pu remettre en cause la philosophie hégélienne en montrant que cette dernière n'est qu'une théologie et est par conséquent une aliénation qui doit être

[102] *Ibid.*, pp. 174-175.

dissoute ; la philosophie hégélienne n'est qu'un déploiement de Dieu. Feuerbach fait de l'homme le fondement explicatif de la théorie. Hegel pose Dieu pour le nier par la philosophie qui à son tour sera niée au nom de la pure théologie :

> « Feuerbach est le seul qui ait une attitude sérieuse, critique, envers la dialectique hégélienne et qui ait fait de véritables découvertes dans ce domaine ; il est en somme le vrai vainqueur de l'ancienne philosophie. La grandeur de ce qu'il a accompli et la simplicité discrète avec laquelle Feuerbach la livre au monde font un contraste surprenant avec l'attitude inverse des autres. »[103]

Cependant, dans d'autres textes, Marx remet en cause ou complète la conception feuerbachienne. Trop souvent certains commentateurs de Marx réduisent la critique marxienne de Feuerbach à *L'Idéologie allemande* ou aux fameuses onze *Thèses sur Feuerbach.* Mais, à y regarder de plus près, réduire la critique que Marx adresse à Feuerbach à ces textes, relève sous certains angles d'une inconséquence théorique, car en analysant de près certains textes souvent antérieurs ou postérieurs à *L'Idéologie allemande* et aux onze *Thèses sur Feuerbach*, on peut y relever certaines critiques non moins importantes de la conception feuerbachienne. Ce qui nous autorise et nous oblige à élargir la critique feuerbachienne de Marx à d'autres textes non moins intéressants. Certes, les onze *Thèses sur Feuerbach* de même que *L'Idéologie allemande* sont des textes incontournables ou sont plutôt fondateurs de la critique marxienne de Feuerbach. Dans ces textes, Marx y expose de manière explicite ce qu'il convient d'appeler les limites de

[103] Karl Marx, *Manuscrits de 1844*, *op. cit.*, p. 126. Une telle idée est aussi étayée par Henri Arvon avec justesse en ces termes : « Marx est ainsi le seul à rendre un juste hommage à Feuerbach ; il lui sait gré d'avoir révélé le monde réel en s'attaquant à la fois aux fictions théologiques et philosophiques», *Ludwig Feuerbach ou la transformation du sacré*, Paris, PUF, 1957, p. 79.

Feuerbach tout en mettant en évidence ce qui le différencie de manière manifeste et notoire de ce dernier. Toutefois, certains textes chronologiquement antérieurs aux onze *Thèses* et à *L'Idéologie allemande*, mettaient déjà en évidence sous certains rapports les différences qui existaient entre la conception marxienne et celle feuerbachienne.

Des textes comme *La Question juive*, où la question religieuse est traitée de manière non pas théologique ou politique, mais de manière sociale et économique, des textes comme les *Manuscrits parisiens* où la différence entre l'athéisme théorique et l'athéisme pratique, est mise en évidence, de même que *L'Introduction à la critique de la philosophie du droit de Hegel* où la question religieuse devient une véritable question politique, sont riches en enseignements et doivent être pris en compte dans la critique marxienne de Feuerbach. C'est pourquoi nous essayerons de voir comment dans les *Thèses sur Feuerbach* et dans *L'Idéologie allemande*, Marx critique systématiquement Feuerbach, avant de voir comment dans d'autres textes, une telle critique s'articule.

Dès la première thèse sur Feuerbach, Marx note ce qui suit :

> « Feuerbach veut des objets concrets, réellement distincts des objets de la pensée : mais il ne considère pas l'activité humaine elle-même en tant qu'activité objective. »[104]

Ceci montre, à en croire Marx, que le défaut de Feuerbach, c'est d'avoir saisi le monde non comme une réalité pratique existant concrètement, mais comme une pure intuition. Autrement dit, Feuerbach ne saurait comprendre l'importance de la pratique humaine. Cette dernière n'est pas une réalité qui n'existe qu'en théorie, elle est une réalité objective, vérifiable empiriquement. La vérité d'une pensée

---

[104] Karl Marx, «Iᵉ Thèse sur Feuerbach », in Karl Marx et Friedrich Engels, *L'Idéologie allemande*, *op. cit.*, p. 61.

se prouve et s'éprouve dans la pratique matérielle, une pensée aussi importante qu'elle puisse être, si elle est détachée de la praxis humaine, devient une pure abstraction dénuée de sens ; c'est dans la pratique que la pensée doit faire ses preuves, sa véracité n'est attestée que dans et par la pratique :

> « La question de savoir si la pensée humaine peut aboutir à une vérité objective n'est pas une question théorique, mais une question pratique. C'est dans la pratique qu'il faut que l'homme prouve la vérité, c'est-à-dire la réalité, et la puissance, l'en-deçà de sa pensée. La discussion sur la réalité ou l'irréalité de la pensée, isolée de la pratique, est purement scolastique. »[105]

Marx souligne que le caractère spécifique du matérialisme des philosophes et notamment celui de Feuerbach réside dans la non prise en compte de l'activité matérielle. Un tel matérialisme demeure abstrait, car ne comprenant pas le caractère révolutionnaire de l'activité pratique. Les objets ne sont saisis que de manière théorique et ne sont pas considérés comme des objets concrets.

Feuerbach a certes montré que la religion a ce fait particulier de rendre l'homme étranger à lui-même et de créer un monde illusoire dans lequel l'homme projette toutes ses qualités. Il veut restaurer par sa critique religieuse les qualités du monde céleste au monde terrestre, or pour Marx, l'essentiel ne se trouve pas dans cette restauration des qualités du monde religieux au monde réel, mais dans le fait de comprendre que l'autonomie du monde religieux s'explique par la contradiction de la base matérielle. C'est cette base porteuse de la contradiction qu'il faut comprendre théoriquement avant de la renverser par la pratique. Autrement dit, il faut illustrer les contradictions qui existent

[105] Karl Marx, « IIe Thèse sur Feuerbach », in Karl Marx et Friedrich Engels, *L'Idéologie allemande*, *op. cit.*, p. 61.

dans la base matérielle et révolutionner cette dernière pratiquement pour qu'il ne puisse plus avoir d'autonomie ou de détachement de la religion. En un mot, il faut s'attaquer à la base matérielle, la détruire, car elle est la source principale d'un tel détachement :

> « Donc, une fois qu'on a découvert, par exemple, que la famille terrestre est le secret de la famille céleste, c'est la première désormais dont il faudra faire la critique théorique et qu'il faudra révolutionner dans la pratique. »[106]

Pour Marx, Feuerbach réduit l'essence de l'homme à l'essence religieuse, or l'essence humaine, à l'en croire, reflète plutôt les rapports existants dans la société humaine. Il n'y a pas une essence acquise a priori ou définitive. L'essence religieuse est déterminée par la réalité matérielle, elle n'est pas une réalité universellement partagée. Autrement dit, la religion n'es pas une réalité immuable, elle est un produit de la société ; ce qui signifie que l'homme religieux appartient nécessairement à une forme d'existence matérielle bien déterminée. L'homme n'est pas un être isolé, il est un être qui ne peut s'isoler que dans la société[107]. Par conséquent, l'homme analysé par Feuerbach, appartient à une forme d'existence sociale, sa religion est logiquement un produit purement social :

> « Feuerbach résout l'essence religieuse en l'essence humaine. Mais l'essence de l'homme n'est pas une

[106] Karl Marx, « IVe Thèse sur Feuerbach », in Karl Marx et Friedrich Engels, *L'Idéologie allemande*, *op. cit.*, p. 62.

[107] Une telle idée est confirmée dans ces propos de Marx : « Au sens le plus fort, l'homme est un animal politique ; il n'est pas seulement un animal social, mais encore un animal qui ne peut s'individualiser que dans la société », Karl Marx, *Grundrisse : De l'argent,* Paris, Éditions Anthropos, 1968, p. 33.

> abstraction inhérente à l'individu isolé. Dans sa réalité, elle est l'ensemble des rapports sociaux. »[108]

Marx montre à l'opposé de Feuerbach que les individus sont subordonnés à des classes, une telle subordination ne peut être abolie, à en croire *L'Idéologie allemande,* que par le prolétariat qui ne défend plus un intérêt particulier, un intérêt de classe, mais un intérêt universel, car il veut restaurer à l'homme ses qualités. Il ne s'agit pas de faire une pure critique de la conscience pour rétribuer à l'homme ses attributs (sinon on demeure dans l'idéologie), mais il faut détruire les racines matérielles qui font que l'homme en objectivant ses qualités dans la religion ou dans les produits de son travail se retrouve totalement dominé par cette même objectivation :

> « La transformation par la division du travail des puissances personnelles (rapports) en puissances objectives ne peut pas être abolie du fait que l'on s'extirpe du crâne cette représentation générale, mais uniquement si les individus soumettent à nouveau ces puissances objectives en abolissant la division du travail. »[109]

Pour Marx, certes avec Feuerbach la critique de la religion a atteint son plus haut degré :

> « En ce qui concerne l'Allemagne, la critique de la religion est, pour l'essentiel terminée, et la critique de la religion est la condition préliminaire de toute critique.»[110]

Mais toutefois, une telle critique demeure le préalable de toute critique. Cela peut paraître, à première vue, paradoxal d'affirmer d'une part, que la critique de la religion est

[108] Karl Marx, « VIe Thèse sur Feuerbach », *op. cit.*, p. 63.
[109] Karl Marx et Friedrich Engels, *L'Idéologie allemande*, *op. cit.*, pp. 93-94.
[110] Karl Marx, « Critique de la philosophie du droit de Hegel. Introduction », in Karl Marx et Friedrich Engels, *Sur la religion*, *op. cit.*, p. 41.

achevée et d'autre part, que celle-ci demeure la "*condition préliminaire de toute critique*". Cependant, on ne saurait relever un quelconque paradoxe, car ce que Marx veut mettre en évidence, c'est que le modèle de la critique de la religion peut être utilisé afin de comprendre l'aliénation matérielle (la religion montre l'autonomie parfaite).

Dans la religion, à en croire Marx, l'homme se nie au profit d'une réalité pleine qu'il nomme Dieu ; il en va de même dans la vie matérielle où les créations de l'homme deviennent autonomes et le dominent. Ce que Marx veut montrer par opposition à Feuerbach, c'est qu'en découvrant dans le ciel que c'est son essence qui y est projetée, le ciel étant vide sans lui, l'homme doit maintenant comprendre que c'est sur terre que se réalise et se trouve sa vérité ; la terre a une véritable charge anthropologique, la terre ferme est le lieu unique où il doit chercher sa vérité, sa richesse :

> « Le fondement de la critique irréligieuse est : c'est l'homme qui fait la religion, ce n'est pas la religion qui fait l'homme. »[111]

Marx, par opposition à Feuerbach, montre, dans *L'Introduction à la critique de la philosophie du droit de Hegel,* que la critique de la religion a une dimension politique. Autrement dit, en découvrant par la critique irréligieuse que la religion est le produit de l'homme et non l'inverse, il faut se retourner vers l'origine sociale ou matérielle de la religion. La religion étant une réalité inversée, reflétant un monde à l'envers, il va de soi que pour mettre fin à cette représentation idéologique du monde ou à cette "*conscience inversée du monde*", il faut remettre en cause ou transformer le monde.

La religion est pour Marx le reflet d'une insatisfaction sociale, si le monde existait dans sa totale plénitude, le

[111] *Ibidem.*

besoin de créer Dieu ne se ferait jamais sentir, critiquer la religion revient alors à critiquer la source d'où elle émane :

> « Elle *[la religion]* est la réalisation fantastique de l'être humain, parce que l'être humain ne possède pas de vraie réalité. Lutter contre la religion c'est donc indirectement lutter contre ce monde là, dont la religion est l'arôme spirituel. »[112]

Ce que l'homme cherche dans le ciel, c'est ce que la terre lui refuse, le ciel tomberait de lui-même si la terre était pleine. La critique irréligieuse n'est donc pas une abstraction, elle n'exige pas ou ne conduit pas à un pur changement des produits de la conscience, elle doit conduire à un changement de la réalité qui produit le contenu de la conscience. Autrement dit, la critique irréligieuse doit s'attaquer au monde matériel existant. En un mot, la critique de la religion est le préalable de toute critique de la vie matérielle, qui est la véritable et réelle critique, et en ce sens, celle-ci dépasse celle-là comme le confirment ces propos :

> « La critique a dépouillé les chaînes des fleurs imaginaires qui le recouvraient, non pour que l'homme porte des chaînes sans fantaisie, désespérantes, mais pour qu'il rejette les feuilles et cueille les fleurs vivantes. La critique de la religion détruit les illusions de l'homme pour qu'il pense, agisse, façonne sa réalité comme un homme sans illusion, parvenu à l'âge de raison, pour qu'il gravite autour de lui-même, c'est-à-dire de son soleil réel *[…]* La critique du ciel se transforme par là en critique de la terre, la critique de la religion en critique du droit, la critique de la théologie en critique de la politique. »[113]

Pour Feuerbach, l'aliénation humaine se résume à l'aliénation religieuse. Si tel est le cas, la philosophie doit remettre en cause l'aliénation religieuse pour restaurer à

---

[112] *Ibid.*, pp. 41-42.
[113] *Ibid.*, p. 42.

l'homme ses attributs. Marx, par contre, en analysant au fond la religion, découvre que celle-ci n'est pas une réalité autonome. À l'en croire, si l'homme projette ses meilleurs attributs dans un au-delà fantasmagorique, c'est parce que le monde dans lequel il vit tous les jours l'aliène et s'oppose à la réalisation de tels attributs sur terre. Ainsi, loin de se contenter de remettre uniquement en cause l'aliénation religieuse, il faut transformer le monde matériel dont émane l'aliénation.

La critique de l'aliénation religieuse conduit chez Marx à la transformation de la situation pratique de l'homme, une telle situation est la cause fondamentale de l'aliénation religieuse. Ainsi, la critique de l'aliénation religieuse n'est pas purement intellectuelle. La suppression des conditions d'existence inhumaines favorise celle de la religion comme il apparaît dans ces propos :

> « La vraie critique de la religion est une critique qui se dépasse aussitôt elle-même et engendre une série d'autres critiques d'aliénations plus radicales. »[114]

Feuerbach considère la religion comme une illusion humaine, or pour Marx, la religion n'est pas une pure illusion de la conscience, elle reflète plutôt un mode d'existence social qui appauvrit totalement l'homme. Ainsi, si la religion, produit de l'homme, devient une aliénation, c'est parce que l'homme qui produit lui-même la religion est un être aliéné. L'aliénation religieuse est dénoncée pour que les véritables conditions d'existence matérielles d'une réhabilitation de l'homme soient réelles ou effectives :

> « La religion, produit de l'homme, n'est pas un produit noble, mais une sorte de sous-produit. Elle est une "idéologie" secrétée par un organisme malade. »[115]

---

[114] Jean Yves Calvez, *La pensée de Karl Marx*, Éditions du Seuil, 1956 et 1970, p. 32.
[115] *Ibid.*, p. 51.

Feuerbach, même s'il avait beaucoup plus de considération aux yeux de Marx que les Jeunes-Hégéliens qui se débattaient dans des querelles stériles, ne dépassera pas l'idéalisme de Hegel ou l'idéologie de la jeune philosophie de l'Allemagne contemporaine qu'il remettait en cause. La véritable critique de l'idéalisme de la philosophie classique allemande fut réalisée à en croire Engels par Marx :

> « Marx était un génie, nous autres, tout au plus des talents. »[116]

Pour Engels, l'idéalisme de Feuerbach du fait de son isolement (Feuerbach, vivant dans la campagne, était incapable de voir le vrai processus historique, le développement des forces productives avec toutes les conditions qu'un tel processus créait, du coup son homme n'était pas celui du processus historique), se trouve dans sa conception de la religion dans l'abstraction.

Feuerbach, selon Engels, loin de supprimer la religion, veut la parfaire. La religion est un rapport affectif entre les hommes, un tel rapport ne pouvant se réaliser sur terre, ces derniers croient pouvoir le réaliser dans le ciel ; la religion ne réalise que ce rapport affectif de manière illusoire. Ainsi, si les hommes parviennent à réaliser leurs rapports affectifs sur terre, la religion disparaîtrait ; l'homme doit alors devenir Dieu sur terre. À en croire Engels, une telle conception est illusoire car les rapports entre les hommes que Feuerbach veut diviniser, ont toujours existé entre ceux-ci et il faut les considérer comme des rapports naturels au lieu de vouloir les diviniser :

[116] Friedrich Engels, « *Ludwig Feuerbach et la fin de la philosophie classique allemande* », in Karl Marx et Friedrich Engels, *Études philosophiques*, *op. cit.*, p. 43 (note de bas de page)

> « L'essentiel pour lui *[Feuerbach]* n'est pas que ces rapports purement humains existent, mais qu'ils soient conçus comme la religion nouvelle, véritable. »[117]

Ainsi ce que Feuerbach, du fait des conditions dans lesquelles il vivait, n'a pas pu faire, Marx parviendra à le faire en insérant l'homme non dans une abstraction (la nature), mais dans l'histoire. L'homme et le monde forment une unité et c'est ce monde qui en retour détermine l'homme, même si l'action humaine dans la transformation du monde est d'une grande importance.

L'homme feuerbachien est un homme générique et non un homme concret, existant et agissant dans la vie matérielle ; un tel homme n'est pas en relation avec les autres hommes pris et insérés dans les rapports sociaux. L'homme tel que pensé par Feuerbach est alors abstrait. Pour Marx, l'homme réel est celui qui existe dans la vie matérielle et qui a une essence non abstraite mais relationnelle.

Selon Marx, pour parler de l'homme et de surcroît pour pouvoir le définir, il faut nécessairement partir des rapports réels qui le définissent et lui confèrent une essence. Marx affirme ainsi le primat de l'activité matérielle qui seule permet de comprendre et de définir l'homme :

> « La grande différence de Marx à l'égard de Feuerbach était que ses doctrines *[celles de Feuerbach]* étaient purement contemplatives ; elles ne s'occupaient que d'interpréter mais elles ne menaient pas vers l'action. Elles semblaient ignorer l'économie et le développement de l'histoire. »[118]

Pour Feuerbach, la religion est une aliénation de l'homme qui le sépare de son essence. Pour retrouver une telle essence, il suffit de mettre fin à l'aliénation religieuse. Marx, à l'opposé de Feuerbach, montre que l'aliénation religieuse est inséparable de celle qui existe dans la vie matérielle, la

---

[117] *Ibid.*, p. 35.

[118] David Mclellan, *Les jeunes hégéliens et Karl Marx*, *op. cit.*, p. 163.

critique de la religion implique concomitamment celle de la société :

> « Car la cause profonde de cette servitude n'est pas l'aliénation religieuse, mais l'aliénation politique. »[119]

L'attitude purement spéculative de Feuerbach est remise en cause, car contrairement à lui, Marx rattache l'homme à la vie réelle : l'homme n'est pas une pure abstraction, mais un être inséré dans une totalité contradictoire qui le définit. L'opposition entre l'homme religieux et l'homme réel, reflète les contradictions qui existent dans la société. La religion est un pur produit social et changer un tel produit, revient à changer les rapports sociaux existants :

> « L'illusion religieuse reflète, selon *[Marx]*, une organisation sociale défectueuse. L'homme n'est victime d'une aliénation religieuse que parce qu'il perd son essence dans le monde d'ici-bas. Il faut donc compléter l'œuvre accomplie par Feuerbach en luttant également contre l'aliénation sociale. »[120]

Pour Marx, Feuerbach loin de supprimer la religion veut l'ennoblir, à la place de la religion aliénante, il veut établir une vraie religion fondée sur l'amour. Ce qui montre que les conditions économiques inhumaines ne sont pas prises en compte par ce dernier. Marx quant à lui élargit la critique de la religion à la critique de la société capitaliste, car pour lui, l'aliénation fondamentale est celle dont souffrent les hommes et dont émane celle religieuse. L'aliénation est une réalité matérielle qui ne touche pas seulement le domaine de la conscience et s'en libérer ne consiste pas seulement à en prendre conscience, mais à la détruire de manière pratique.

À la place du renversement théorique de Feuerbach, Marx met en place un renversement pratique, car la religion

---

[119] *Ibid.*, p. 112.

[120] Henri Arvon, *Ludwig Feuerbach où la transformation du sacré*, *op. cit.*, p. 118.

n'émane pas seulement d'une fausse conscience mais de la pratique quotidienne des hommes. Le fait d'enlever ou d'ôter les représentations religieuses de la conscience ne conduit pas nécessairement à un renversement de la source dont elles proviennent. Marx cherche dans la réalité politico-matérielle les sources et les fondements de la religion, car une fois que de telles sources sont totalement anéanties, la religion s'anéantit nécessairement, c'est une relation de cause à effet : la critique de la religion est un moyen et non une fin :

> « L'aliénation extérieure la plus importante est celle de la religion et la critique de celle-ci conduit à la critique des autres aliénations. »[121]

Non seulement Feuerbach réduit l'essence humaine à l'essence religieuse, mais il met hors-jeu l'histoire qui définit et détermine l'homme, ce qui fait qu'il est resté dans les abstractions idéalistes.

À l'image de tous les Jeunes-Hégéliens[122] qui concentraient toutes leurs critiques sur la religion, les questions politiques devenant des questions purement religieuses, Feuerbach n'effectue qu'une pure critique des produits de la conscience. Pour Marx, par contre, la seule

---

121 David Mclellan, *Les jeunes hégéliens et Karl Marx*, *op. cit.*, p. 119.

122 La religion était liée à la politique en Allemagne et la critique de la religion des Jeunes-Hégéliens était en filigrane une critique de la politique. Pour eux, l'État devait être l'incarnation de la moralité, de la liberté mais avec Frédéric Guillaume IV, ils se rendirent aussitôt compte que l'État prussien ne pouvait réaliser un tel idéal. Ainsi, leurs critiques politiques prenaient des allures d'une critique de la religion (les questions politiques se transformaient en questions religieuses). Marx va s'opposer à une telle conception, car pour lui la critique religieuse ne peut pas aboutir à une transformation politique, il faut critiquer les réalités politiques comme le confirment ces propos de David Mclellan : « Marx se préoccupait des sujets beaucoup plus concrets ; à son avis, s'il était nécessaire de critiquer la religion, il fallait le faire dans le cadre des institutions politiques et non pas critiquer les institutions politiques dans le cadre de la religion », *Les Jeunes-Hégéliens et Karl Marx*, *op. cit.*, p. 51.

critique valable est celle pratique, celle qui remet en cause les conditions d'existence matérielles. La conscience humaine étant un produit social, il en va de soi que pour modifier son contenu, il faut nécessairement changer le monde d'où provient un tel contenu :

> « En réalité pour le matérialiste pratique, c'est-à-dire pour le communiste, il s'agit de révolutionner le monde existant, d'attaquer et de transformer pratiquement l'état des choses existant qu'il a trouvé. Et, si l'on trouve parfois chez Feuerbach des points de vue de ce genre, ils ne vont jamais plus loin que des intuitions isolées et ont bien peu d'influence sur toute sa conception générale. »[123]

Feuerbach ne fait que constater l'aliénation religieuse au lieu de passer à la transformation de la famille terrestre qui détermine celle céleste. L'homme est une partie de l'unité sociale, on ne saurait le comprendre en faisant fi de cette unité.

Ainsi, prétendre à une suppression définitive de l'aliénation religieuse signifie nécessairement, procéder à une transformation de la réalité matérielle et non procéder à une pure épuration de la conscience :

> « La "libération" est un fait historique et non un fait intellectuel. »[124]

Selon Marx, Feuerbach étudie l'homme singulier et non les hommes réels qui existent concrètement, ce qui fait qu'il esquive les réalités pratiques qui façonnent les hommes et déterminent leurs représentations :

> « Il *[Feuerbach]* ne parvient à reconnaître l'homme "réel, individuel en chair et en os" que dans le sentiment ; autrement dit, il ne connaît pas d'autres "rapports humains"

---

[123]Karl Marx et Friedrich Engels, *L'Idéologie allemande*, *op. cit.*, p. 54.
[124] *Ibid.*, p. 53.

de "l'homme avec l'homme" que l'amour et l'amitié, et encore idéalisés. »[125]

Feuerbach est ainsi resté idéaliste, car au lieu de passer à l'étude de la vie matérielle, des contradictions socio-historiques, il veut parfaire la religion, en divinisant non plus une transcendance de nature divine, mais une transcendance de nature humaine.

La religion, à en croire Feuerbach, est un rapport affectif entre les hommes qui finit par s'autonomiser dans un ciel imaginaire. L'homme cherchant une réalisation des attributs humains et ne la trouvant pas sur terre, la projette dans le ciel. Ainsi, selon Feuerbach, pour réaliser de manière concrète les attributs humains sur terre, il faut établir l'amour entre les êtres humains, seule condition pour ces derniers de matérialiser leur essence générique : l'amour entre les hommes permet de réaliser l'unité du genre. Ce qui montre d'une manière ou d'une autre que la critique feuerbachienne de l'aliénation religieuse aboutit à la mise en place d'une nouvelle religion : la religion de l'homme, l'anthropologie prend la place de la théologie ; on assiste à une réelle valorisation de l'homme au détriment de Dieu, une divinisation de l'homme :

> « Dieu ne s'en va point, il revient, c'est l'homme : Jam redit et Deus, Homo est. »[126]

Feuerbach ne pense pas qu'on doit rejeter la religion de manière définitive. Car pour lui, l'homme par opposition à l'animal ne saurait se passer de religion, il est un *"homo religiosus"*, ce qu'il faut alors, c'est trouver à l'homme, qui est un être foncièrement religieux, un autre fondement solide

[125] *Ibid.*, p. 56.

[126] Jean Pierre Osier, « Présentation de *L'Essence du christianisme* », in Ludwig Feuerbach, *L'Essence du christianisme,* Paris, Éditions Maspero, 1973, p. 66.

de sa religion, et un tel fondement est l'amour qui permet de réaliser l'essence générique.

Feuerbach élève la philanthropie au rang de religion ; l'homme doit devenir Dieu. L'erreur feuerbachienne consiste dans le fait d'*"absolutiser"* l'homme au lieu de le *"dialectiser"*[127], ce qui fait que Feuerbach se trouve dans la nécessité d'élever une nouvelle transcendance. Feuerbach est athée, or Marx est irréligieux (la différence entre l'athéisme et l'irréligiosité n'est pas sans importance). Marx en irréligieux critique la religion pour la dépasser, il y a chez lui un dépassement de la conception feuerbachienne de la religion. Pour Feuerbach, le sens de la vie ne consiste pas à se prolonger dans une existence qui se situe dans l'au-delà, mais plutôt dans la réalisation d'une autre divinité qui permet de réaliser le progrès de l'humanité, de l'espèce :

> « Puisqu'il faut suppléer à la transcendance divine, il *[Feuerbach*] stipule une transcendance humaine. »[128]

Le fond de la pensée de Feuerbach consiste dans la volonté de rétablir l'homme dans sa totalité. Pour lui, il faut abandonner la transcendance divine ou extérieure pour restaurer celle immanente ou intérieure :

> « La transcendance qui oblige l'homme à se dépasser, n'est pas abolie ; elle est ramenée à l'intérieur de l'immanence. Le religieux absent d'un monde qui ne croit plus à la

---

[127] Georg Lukács, *Histoire et conscience de classe*, Paris, Éditions de Minuit, 1960, p. 231. Lukács reconnaît certes le grand mérite de Feuerbach, l'influence qu'il a eue sur Marx, mais, à l'en croire, entre Feuerbach et Marx il y a une grande différence, différence qui réside dans la non prise en compte de la part de Feuerbach de l'histoire et de la dialectique : « Feuerbach a exercé une influence décisive sur la formation du matérialisme historique. Cependant, en transformant la philosophie en une anthropologie, il a figé l'homme en une objectivité fixe et, par là, il a évincé l'histoire et la dialectique. »

[128] Henri Arvon, *Ludwig Feuerbach ou la transformation du sacré*, *op. cit.*, p. 17.

> révélation, y retourne sous la forme d'un humanisme conscient. L'homme se dépasse désormais grâce à l'espèce. »[129]

Feuerbach réintroduit ainsi le "sacré" dans le monde. L'homme ne peut trouver son prolongement que dans l'amour de l'autre homme. La transformation de l'homme en Dieu n'est rien d'autre pour l'homme qu'un moyen d'atteindre et de réaliser ses plus hautes perfections. C'est le bonheur et le désir qui sont à la base de la religion aussi bien naturelle que chrétienne ; l'homme rêve d'un bien-être non pas céleste mais terrestre. Feuerbach veut réunir Dieu et l'homme, car Dieu n'est que la perfection de l'homme projetée hors de lui-même. Dieu n'est que la somme des perfections humaines et récupérer de telles perfections, suppose la réalisation de l'unité fondamentale de l'espèce : Feuerbach, contrairement à Marx qui supprime la religion de manière pratique, purifie la religion de façon radicale.

La critique feuerbachienne est en même temps, sans aucun doute, une critique de la philosophie de Hegel :

> « Feuerbach va inaugurer la critique de la philosophie elle-même. »[130]

[129] *Ibid.*, p. 68. La récupération de la substance projetée en Dieu est selon Feuerbach la condition sine qua non pour mettre fin à l'aliénation, à la transposition des qualités humaines en Dieu. Il faut mettre fin à cette scission entre la terre et le ciel pour réaliser l'essence générique et de surcroît libérer l'homme. L'essence générique est perdue dans le ciel. En la récupérant et en la réalisant sur terre, l'homme met fin à l'aliénation, à la division de l'homme avec lui-même, car l'homme qui est transposé en Dieu a toutes les qualités. Feuerbach réintègre Dieu dans la sphère terrestre et fait de l'homme le centre de la terre, mais son homme devient un être idéal séparé de la réalité sociale, ce qui fait qu'il demeure « aux yeux de Marx, un "théologien critique", mais c'est encore un "théologien" », Jean Yves Calvez, *La pensée de Karl Marx, op. cit.*, p. 51.

[130] Emile Bottigelli, « Présentation des *Manuscrits de 1844* », in Karl Marx, *Manuscrits de 1844*, *op. cit.*, p. XV.

Feuerbach montre à n'en pas douter que la conscience de soi est une pure abstraction, l'homme est une réalité concrète qui existe réellement, par conséquent, il doit être le point de départ de la philosophie et non la conscience de soi prônée par Hegel. L'homme, à la grande différence de l'animal, est doté d'une volonté ; une telle volonté fait qu'il est un être libre, mais sa liberté est entravée par la religion. L'homme crée la religion, Dieu n'est pas une transcendance autonome, mais une révélation de l'essence humaine :

> « Feuerbach reprenait donc le processus de l'aliénation chez Hegel, mais en le retournant. »[131]

L'homme objective son essence dans une réalité extérieure qui lui devient étrangère. Autrement dit, en enrichissant la réalité extérieure, l'homme se vide ou s'appauvrit, ce qui fait qu'une telle réalité devient puissante et le domine en retour :

> « L'homme a extériorisé sa richesse en Dieu et s'est appauvri d'autant plus lui-même qu'il a plus enrichi Dieu. La véritable essence de l'homme est celle qu'il a mise en Dieu. »[132]

Feuerbach réintègre l'homme au centre du monde concret au lieu de le réduire à une conscience de soi purement vide et abstraite. Il ne s'agit plus de partir d'une pensée isolée qui se pense elle-même ou s'auto-pense, mais de la réalité concrète qui est le fondement de toute pensée.

La réflexion philosophique a pour base réelle l'individu concret. Un tel individu, du fait de l'aliénation religieuse, devient, à en croire Feuerbach, égoïste, et pour restaurer son essence générique, il faut fonder la société sur l'amour qui est la nature réelle de l'homme. Cette anthropologie feuerbachienne récusait certes la conscience de soi de Hegel,

---

[131] *Ibid.*, p. XVI.
[132] *Ibidem.*

mais elle était limitée du fait de l'oubli manifeste de l'histoire :

> « Le matérialisme de Feuerbach sera d'une portée décisive ; il va mettre la philosophie en mesure de remplir sa mission, et de trouver sa vérité et de servir ainsi à la transformation du réel. Mais il faudra pour cela qu'il ait été repensé par Marx. »[133]

Certes Marx est redevable à Feuerbach à bien des égards, mais il le dépasse sous certains rapports, car il applique ce que Feuerbach appliquait à la simple religion, à la politique, à l'économie. Feuerbach a certes renversé ou critiqué la théologie et la philosophie spéculative, mais de ce renversement il n'a su en tirer qu'une simple *« anthropologie idéaliste. »*[134] Il est resté dans l'idéalisme et l'idéologie qu'il prétendait critiquer. Il pose une aliénation sans pour autant expliquer ses racines, ses sources. Pour Marx, il ne s'agit pas simplement de considérer la religion comme une aliénation, il s'agit d'élucider ses causes socio-pratiques ; cette non prise en compte des conditions matérielles, de la politique, est justifiée par les conditions dans lesquelles Feuerbach vivait à l'époque, de telles conditions font que ses "aphorismes" (ceux de Feuerbach) nous renseignent beaucoup plus sur la nature que sur la "politique".

Pour Feuerbach, l'homme s'ouvre à l'autre homme. Autrement dit, l'homme dans son moi propre, renferme autrui : l'homme est en même temps "Je et Tu". La dualité est rendue possible par l'amour qui est l'essence de l'homme en tant qu'homme. L'amour ne pouvant exister sans objet aimé ou désiré, cet amour qui est une partie intégrante de la sainte trinité (raison, volonté, amour), se manifeste dans le rapport immédiat à autrui. L'essence générique trouve son

---

[133] *Ibid.*, p. XVIII.

[134] Louis Althusser, *Pour Marx*, Paris, Éditions La Découverte, 1986, 1996, 2005, p. 87.

fondement chez Feuerbach dans l'amour et sa réalisation parfaite dans l'acte sexuel.

Pour Feuerbach, la fusion du "Je et Tu", est la condition de possibilité de toute existence ; l'homme ne saurait exister qu'en vertu d'un rapport qui le lie à autrui. Autrui est le moyen et la condition de l'existence humaine, car non seulement il permet à l'homme de se reconnaître comme existant, mais il lui permet en outre de réaliser l'essence générique. Si l'homme est abandonné à lui tout seul, il ne saurait exister ; l'amour entre les individus est la base qui permet de réaliser leur essence générique.

Pour Marx, contrairement à Feuerbach, l'essence de l'homme ne peut se révéler que dans et par la réalité matérielle, dans le champ de la production. En analysant un tel champ, Marx découvre un homme aliéné, car dans la production l'homme est dominé par sa propre création, il est totalement nié.

Pour Marx, au début, le champ de la production permettait à l'homme d'objectiver son essence, mais un tel champ finit par devenir une activité dans laquelle l'homme n'affirme ou n'objective plus son essence ; la dialectique de l'histoire montre une aliénation de l'essence humaine, l'homme qu'on y découvre est un homme aliéné à tout point de vue, un homme qui dans la contrainte de la subsistance physique, fait du travail un moyen de survie physique.

Ainsi, pour que l'homme puisse s'approprier ou plutôt se réapproprier son essence générique, il faut nécessairement supprimer la propriété privée, cause fondamentale de l'aliénation. L'homme en supprimant une telle propriété privée, pourra s'épanouir car son opposition avec la nature est en même temps supprimée. La nature devient un prolongement de l'homme, le monde objectif, le reflet de l'homme, un monde humain qui lui appartient. Le monde devient le lieu où l'homme actualise de manière libre ses virtualités, son essence : on assiste à la réconciliation de l'homme avec la nature extérieure, la nature devenant humaine. L'homme se réconcilie avec son semblable, il devient le représentant de l'espèce humaine, sa vie générique coïncide avec sa vie individuelle.

Par opposition donc à Feuerbach, Marx montre que l'essence humaine est sociale, le travail est le moyen qui permet de réaliser une telle essence, il rend possible l'essence générique.

Cependant, il faut noter que pour Marx, l'homme n'est pas le seul être capable de créer un monde objectif. Les nombreux animaux (abeilles, fourmis) par exemple produisent également un monde objectif en construisant des nids, des ruches. Par leurs créations, ils manifestent leur vie générique. Par contre de tels animaux, à la différence des hommes, ne sont pas porteurs d'une essence générique. Ils produisent sous le diktat de la nécessité, de l'instinct et de manière non universelle, leur production est ainsi une pure activité vitale très et restreinte limitée à leur stricte individualité comme l'attestent rigoureusement les nombreuses notes des diverses lectures de Marx que constituent les fameux *Manuscrits parisiens* :

> « Il *[l'animal]* produit seulement ce dont il a besoin immédiatement besoin pour lui et son petit ; il produit unilatéralement. »[135]

L'activité productrice de l'homme est marquée par l'existence d'une faculté absente chez l'animal : la conscience, instance qui différencie l'activité vitale de l'homme de celle de l'animal. Autrement dit, l'homme produit non de manière unilatérale mais de manière universelle. L'activité humaine n'est pas dictée par des mobiles instinctifs, elle est réfléchie et est faite pour toute l'humanité. L'homme, dépassant sa simple individualité, produit de manière universelle et devient par voie de

[135] Karl Marx, *Manuscrits de 1844*, *op. cit.*, p. 63.

conséquence un être générique. La production de l'homme est étendue à son genre et à la nature. L'homme, produisant à l'échelle universelle, devient un être générique :

> « C'est précisément dans le fait d'élaborer le monde objectif que l'homme commence donc à faire réellement ses preuves d'être générique. Cette production est sa vie générique active. Grâce à cette production, la nature apparaît comme son œuvre et sa réalité. L'objet du travail est donc l'objectivation de la vie générique de l'homme : car celui-ci ne se double pas lui-même d'une façon seulement intellectuelle, comme c'est le cas dans la conscience, mais activement, réellement, et il se contemple lui-même dans un monde qu'il a créé. »[136]

Par opposition donc à Feuerbach, l'être générique est pour Marx, le résultat du rapport de l'homme à la nature (rapport très différent de celui de Feuerbach, le rapport que l'homme entretient avec la nature n'est ni passif ni contemplatif). Marx considère la nature comme une partie de l'homme, l'homme n'existe réellement qu'en exerçant une activité sur la nature. Le travail étant de nature universelle, l'homme est par conséquent un être universel. L'activité de l'homme étant sociale, l'homme est naturellement un être social. On ne saurait concevoir l'homme comme un être isolé, il est un être générique modifiant et transformant la nature à sa guise :

> « Dire que l'homme est un être générique, c'est donc dire que l'homme s'élève au dessus de son individualité subjective, qu'il reconnaît en lui l'universel objectif et se dépasse ainsi en tant qu'être fini. Autrement dit, il est individuellement le représentant de l'Homme. »[137]

La conception marxienne de l'être générique, des *Manuscrits parisiens*, peut certes être qualifiée sous certains rapports d'inspiration feuerbachienne, mais elle n'en diffère

[136] *Ibid.*, p. 64.
[137] *Ibid.*, p. 61 (note de bas de page).

pas moins de la conception feuerbachienne sous d'autres rapports. La conception marxienne présente l'homme comme un être ayant un rapport au genre, un tel rapport se déroule dans une dialectique homme-nature ; l'homme est en rapport avec l'homme et avec la nature (l'homme étant une partie de la nature qui est elle-même un prolongement de l'homme pour pasticher les *Manuscrits parisiens*).

Le rapport de l'homme à la nature est une nécessité commandée par le besoin de survie, mais celui de l'homme à son semblable, par opposition à Feuerbach qui le conçoit comme un moyen, n'est pas un rapport que l'on peut lire sous l'angle de moyen à fin : l'homme n'est pas un moyen pour l'homme, mais une fin.

Dans les *Manuscrits parisiens* où une telle conception de l'être générique est exposée, Marx commence par étudier le mode de production capitaliste qui fait de l'homme un individu égoïste et aliéné. Mais c'est dans la perspective de la reconquête de ses attributs par la suppression de la propriété privée que Marx met en relief l'essence sociale de l'homme :

> « Le communisme, abolition positive de la propriété privée et par conséquent appropriation réelle de l'essence humaine par l'homme et pour l'homme ; donc retour total pour soi en tant qu'homme social, c'est-à-dire humain, retour conscient et qui s'est opéré en conservant toute la richesse du développement antérieur. »[138]

Le retour de l'homme à sa vraie essence consiste à passer de l'individu aliéné et individualiste à l'être social, on peut donc logiquement déduire que l'homme est par nature un être générique. Cependant, une telle conception de l'homme comme être générique est loin de la conception rousseauiste d'un hypothétique “état de nature”. Certes, Marx ne nous en dit pas plus, mais on peut valablement inférer que l'homme

[138] *Ibid.*, p. 87.

porte par devers lui une telle essence : l'homme est par nature un être générique.

Pour Marx, l'individu aliéné entretient avec son semblable un rapport de moyen à fin, mais l'individu désaliéné, entreprenant une activité désaliénée, prend l'homme comme fin et non comme simple moyen : il dépasse son égo personnel et s'ouvre à son semblable, autrement dit, il y a une consubstantialité entre l'homme et son semblable ; il est lui-même et autrui à la fois. Marx donne l'exemple du rapport de l'homme et de la femme pour illustrer une telle consubstantialité qui est un rapport naturel et nécessaire :

> « En partant de ce rapport, on peut donc juger tout le niveau de culture de l'homme. Du caractère de ce rapport résulte la mesure dans laquelle l'homme est devenu pour lui-même être générique, homme, et s'est saisi comme tel ; le rapport de l'homme à la femme est le rapport le plus naturel de l'homme à l'homme. »[139]

Marx critique toute forme de transcendance et met hors-jeu toute transcendance de n'importe quelle nature, ce qui n'est pas le cas chez Feuerbach. La religion n'a pas d'autonomie réelle, Dieu ne crée rien, il est plutôt un produit de l'homme.

La philanthropie de l'athéisme que Marx développe dans les notes de lectures que constituent les *Manuscrits parisiens*, met en évidence l'incompatibilité totale entre la transcendance divine et l'existence humaine. Dieu n'est pas le principe créateur de l'existence humaine. L'homme est son propre créateur qui, par son travail, nie la transcendance divine et pose son existence en tant qu'être générique. Marx disqualifie radicalement la religion pour faire de l'homme le créateur de l'histoire sans pour autant l'"absolutiser" comme ce fut le cas chez Feuerbach. L'homme crée par le travail (la

[139] *Ibid.*, p. 86.

dimension créatrice du travail est totalement absente chez Feuerbach) toute existence de même que la sienne propre. Une telle conception marxienne selon laquelle l'homme s'auto-crée est absente chez Feuerbach, mais présente chez Hegel.

Dans le « troisième manuscrit » des brouillons ou notes de lectures de Marx, les *Manuscrits parisiens,* où Marx critique la dialectique hégélienne, il met néanmoins en évidence ce que sa conception d'auto-engendrement de l'homme par le travail doit à Hegel :

> « La grandeur de la *Phénoménologie* de Hegel et de son résultat final – la dialectique de la négativité comme principe moteur et créateur – consiste donc, d'une part, en ceci, que Hegel saisit la production de l'homme par lui-même comme un processus, l'objectivation comme désobjectivation, comme aliénation et suppression de cette aliénation ; en ceci donc qu'il saisit l'essence du travail et conçoit l'homme objectif, véritable parce que réel, comme le résultat de son propre travail. »[140]

Chez Hegel, il faut noter que l'autocréation de l'homme se fait par l'extérioration (qui est en même temps objectivation) qui est le mouvement par lequel l'Idée s'extériorise dans la réalité avant de retrouver sa vraie nature. L'autocréation montre que l'homme doit s'aliéner avant de retrouver tous ses différents attributs. La réalité extérieure créée par l'homme n'est qu'une manifestation de la pensée. Autrement dit, c'est dans l'aliénation que la conscience de soi récupère sa vraie essence.

Chez Hegel, l'autocréation de l'homme est le cheminement de la conscience de soi à travers son extériorisation et la suppression d'une telle extériorisation. L'essence humaine procède donc de sa propre négation : l'être de l'homme présuppose son non-être. Ceci montre

[140] *Ibid.*, p. 132.

d'une manière ou d'une autre que l'homme est le résultat d'un processus, d'un mouvement dialectique : l'homme s'auto-crée.

L'homme est ainsi inscrit dans la perspective d'un devenir. Il s'objective (l'objectivation étant une aliénation) pour devenir ce qu'il était dès le début. L'objectivation permet à l'homme de se réaliser. Sans elle, la réalisation de l'homme ne serait pas possible. L'objectivation même si elle est corollaire d'aliénation est plus que nécessaire. Hegel dans la dialectique du maître et de l'esclave expose l'idée selon laquelle le travail est l'unique moyen qui permet à l'esclave de devenir dans le temps maître, en un mot, de se faire ou de se créer. Le travail est donc chez Hegel un moyen de création de l'essence de l'homme, le travail fait l'homme comme l'attestent ces propos de Marx :

> « Hegel se place du point de vue de l'économie politique moderne. Il appréhende le travail comme l'essence, comme l'essence avérée de l'homme *[...]* Le travail est le devenir pour soi de l'homme à l'intérieur de l'aliénation ou en tant qu'homme aliéné. »[141]

Hegel montre l'importance de l'objectivation dans l'auto-engendrement de l'homme. Il montre également celle de l'histoire, laquelle histoire n'est qu'une simple manifestation de l'Idée dans le temps. L'histoire est la manifestation de la pensée dans le temps, la progression et la réalisation de cette dernière dans le temps. Ce qui montre que l'homme est au centre de l'histoire : par la pensée, l'homme crée l'histoire.

Cette conception hégélienne de l'autocréation de l'homme par le travail, Marx la magnifie sous certains rapports mais la rejette sous d'autres angles. En effet, à en croire Marx, en concevant l'histoire comme manifestation de l'Idée dans le temps, Hegel réduit l'homme à une pure abstraction, l'histoire devenant une nécessité que l'homme

---

[141] *Ibid.*, pp. 132-133.

ne saurait modifier. Ce qui montre selon Marx que l'homme chez Hegel ne fait pas l'histoire, car il suit une histoire irréversible : celle de l'Esprit :

> « Le seul travail que connaisse et reconnaisse Hegel est le travail abstrait de l'esprit. »[142]

Pour Marx, l'homme est le seul créateur de l'histoire, par le travail, l'homme crée l'histoire. Dans le travail, entrent en jeu la force physique et la réflexion. Le travail est précédé par la conscience qui préfigure l'objet à créer ; le travail a ainsi une dimension anthropologique non négligeable :

> « Le mode d'activité vitale renferme tout le caractère d'une espèce, son caractère générique, et l'activité libre, consciente, est le caractère générique de l'homme. »[143]

Le travail permet à l'homme de créer l'histoire en se créant en même temps. À travers et par le travail, l'homme s'engendre lui-même en créant à la fois un monde objectif. En tant que condition nécessaire de l'existence de l'homme, de la réalisation de son essence, le travail est le moyen grâce auquel et par lequel l'homme se distingue des autres réalités existantes.

L'homme, à en croire Marx, est un être de besoin : l'homme a des besoins qu'il ne peut satisfaire que par le travail qui se porte sur la nature étrangère qui n'est que le "prolongement de l'homme". Par le travail, l'homme se transforme et dompte la nature pour satisfaire ses besoins vitaux. Ainsi, par cette activité productrice, l'homme se réalise, réalise l'essence générique : le travail est la manifestation de l'essence de l'homme.

Le travail est une activité libre et consciente, l'homme y manifeste sa liberté, car une telle activité loin d'être faite sous l'emprise contraignante du besoin est guidée ou dictée

---

[142] *Ibid.*, p. 133.
[143] *Ibid.*, p. 62.

par la conscience. Le caractère libre du travail permet la réalisation de l'essence générique de l'homme. Le travail étant une activité libre, l'homme peut produire non pas pour sa stricte individualité, mais pour l'humanité tout entière, le travail humain a une dimension universelle. Par le travail, l'homme produit les objets nécessaires pour la satisfaction de son besoin propre et du besoin d'autrui, il devient ainsi un être générique ; le travail permet à l'homme d'objectiver ses dispositions génériques et de s'éloigner de l'animal.

Cependant, il faut noter qu'à partir de la *VIe Thèse sur Feuerbach,* Marx élabore une nouvelle conception de l'homme pour davantage se distinguer de Feuerbach. Dans une telle conception, l'histoire explique et détermine l'homme, l'homme est un être historique et son essence est naturellement historique :

> « L'essence de l'homme n'est pas une abstraction inhérente à l'individu isolé. Dans sa réalité, elle est l'ensemble des rapports sociaux. »[144]

On peut être tenté de voir dans une telle thèse, une rupture avec l'anthropologie des *Manuscrits parisiens* qui faisait état d'une essence préétablie ou préhistorique, mais tel n'est pas le cas, car la *VIe thèse* n'est pas une rupture avec l'anthropologie des *Manuscrits parisiens*, elle est au contraire une réelle et effective évolution. La conception anthropologique de 1844 partait certes de l'existence d'une essence préétablie, mais une telle essence se réalisait de manière historique par le travail.

Autrement dit, la *VIe thèse* ne remet pas en cause l'anthropologie des *Manuscrits parisiens*, elle l'enrichit. Même si l'idée d'une essence préétablie disparaît, cette thèse met en évidence le caractère historique de l'essence générique qui, comme dans les *Manuscrits,* est liée à

---

[144] Karl Marx, « VIe Thèse sur Feuerbach », in Karl Marx et Friedrich Engels, *L'Idéologie allemande*, *op. cit.*, p. 33.

l'activité humaine. C'est pourquoi certains commentateurs comme Althusser ou Sève qui voient dans cette thèse une rupture définitive avec l'anthropologie de jeunesse ne rencontrent pas notre adhésion : car l'histoire n'était pas nouvelle dans la *VIe thèse*, elle était prise en compte dans les *Manuscrits*. Autrement dit, la *VIe thèse* est une confirmation et un enrichissement de l'anthropologie des *Manuscrits* et non un abandon. L'idée d'une rupture définitive dans la pensée marxienne ne rencontre pas notre point de vue scientifique.

Certes, dans la *Préface de 1859*, Marx réélabore sa propre « *conscience philosophique d'autrefois* », mais une telle réélaboration renvoie plutôt à une critique ou à une renonciation de ses acquis hégéliens, et on sait que l'hégélianisme des *Manuscrits parisiens* n'a jamais rencontré l'adhésion des commentateurs : le renoncement ne concerne pas les *Manuscrits parisiens*. En plus, les *Thèses sur Feuerbach* ont été rédigées au printemps de 1845 à Bruxelles c'est-à-dire tout juste après la rédaction des *Manuscrits parisiens*.

Ce qui fait qu'historiquement il serait difficile à Marx d'opérer en peu de temps une rupture définitive dans sa propre pensée. L'idée d'une formulation du matérialisme historique à partir uniquement des *Thèses sur Feuerbach* ne saurait faire l'unanimité. S'il est vrai et irrévocable que le matérialisme n'a pas atteint dans les *Manuscrits parisiens,* sa formulation définitive, il est aussi irrévocable qu'à partir des *Manuscrits parisiens*, Marx avait l'intuition géniale du matérialisme historique. On peut même affirmer qu'à partir du *Manuscrit de 1843*, qu'une telle intuition était déjà présente. Pour s'en convaincre, il faut se référer à la *Préface de 1859*, considérée comme l'élaboration scientifique du matérialisme historique, une telle *Préface* met sous certains angles la conception formulée en 1843 (le modèle structure/superstructure est très éloquent). Si dès le

Manuscrit de Kreuznach, l'intuition du matérialisme historique était présente, les *Thèses sur Feuerbach* ne sauraient être considérées comme une rupture définitive avec l'anthropologie de 1844. En plus, les *Thèses sur Feuerbach* sont plutôt une critique marxienne de Feuerbach et non un abandon de certaines positions de Marx. Elles résument le désir que nourrit Marx de rompre avec Feuerbach, en ce sens, elles enrichissent, mais n'abandonnent pas l'anthropologie de 1844.

Cependant, il faut noter que l'anthropologie des *Manuscrits parisiens* était encore spéculative, même si les germes du matérialisme y sont présents. Deux positions théoriques se côtoient, dans les *Manuscrits parisiens,* l'humanisme feuerbachien et le matérialisme historique en germe. La *VIe Thèse* ou les *Thèses sur Feuerbach* permettent à Marx non pas de rompre avec les *Manuscrits* mais de radicaliser sa position : l'histoire explique l'essence humaine. La *VIe thèse* est un dépassement de l'humanisme feuerbachien. Dans une telle thèse, l'humanisme de Marx est manifeste ce qui n'était pas le cas dans les *Manuscrits*, même si on pouvait y déceler un historicisme : l'essence humaine dans les *Thèses* n'est plus le point de départ, mais elle est déduite de l'histoire. Marx étudie dorénavant les hommes concrètement existants, l'essence humaine acquiert un caractère socio-historique, l'homme fait l'histoire tout autant que l'histoire le détermine.

Cependant, il faut souligner qu'affirmer que dans les *Manuscrits parisiens* on y trouve un humanisme de type feuerbachien ne signifie nullement qu'il faut voir dans de tels *Manuscrits* une simple et pure transposition de toute la critique feuerbachienne de la religion à l'économie :

> « Dire simplement que le jeune Marx a "traduit" Feuerbach, qu'il a pensé les mécanismes du profit par analogie avec la question de la foi, c'est bien vite dire. »[145]

La définition que Marx donne de l'aliénation dans les *Manuscrits parisiens* n'est pas identique à la conception feuerbachienne de l'aliénation. Pour Marx, « il ne s'agit pas d'une simple transposition du théologique en économique »[146]

En termes très clairs, Marx ne fait pas qu'appliquer ce que Feuerbach appliquait à la religion à l'économie. Certes, Marx hérite de Feuerbach l'idée selon laquelle l'objectivation autonomisée d'une nature subjective devient une réalité transcendante (il faut noter que l'analyse que Marx fait de l'aliénation dans les *Manuscrits*, renvoie beaucoup plus à Hess qu'à Feuerbach[147]). L'objectivation devient, c'est une

---

[145] Solange Mercier Josa, *Retour sur le jeune Marx*, Paris, Méridiens Klincksieck, 1986, p. 35.

[146] *Ibidem.*

[147] Marx, dans la *Préface des Manuscrits, pp. 2-3,* note ce qui suit : « Tout autant qu'à ces auteurs, qui ont traité de manière critique d'économie politique, la critique positive en général, donc aussi la critique positive allemande de l'économie politique, doit son véritable fondement aux découvertes de Feuerbach. » Il faut souligner que pour comprendre le rôle de fondateur de la critique de l'économie politique que Marx attribue à Feuerbach (on ne trouve pas le mot d'économie politique dans les textes de Feuerbach), il faut se référer à l'usage que Marx fait des textes de Feuerbach dans le « troisième manuscrit ». Un tel usage est à n'en pas douter le résultat de la lecture de Hess par Marx. Marx utilise Feuerbach à partir de Moses Hess. Pour Hess, on sait que l'argent dans la pratique joue le rôle que Dieu joue dans la religion ; l'argent est un produit des hommes qui sont devenus étrangers les uns vis-à-vis des autres. L'argent permet de comprendre l'aliénation humaine, il est la source de l'aliénation. Ce n'est donc pas Feuerbach qui a fourni à Marx le fondement de la critique de l'économie politique, mais c'est plutôt Hess dont l'article n'avait pas été publié qui a donné à Marx les clefs du fondement de la critique de l'économie politique. Marx utilise Feuerbach à partir de la lecture de Hess comme le confirment ces propos de Jean Christophe Angaut : « La déclaration de la *"Préface" des Manuscrits de 1844*, qui reconnaît à Feuerbach le mérite d'avoir posé les fondements d'une critique de

évidence, une réalité autonome en apparence et par voie de conséquence acquiert un pouvoir réel sur la nature subjective qui devient le produit de son produit. Mais, on sait que chez Marx l'aliénation ne consiste pas en une simple objectivation d'une essence en Dieu, mais en ce que le travail devient contre nature. Une telle aliénation se fait au profit d'un autre homme et non d'un Dieu quelconque. Il faut souligner d'ailleurs que l'idée d'un rapport d'une nature propre à soi comme rapport à une nature étrangère est présente chez Hegel avant d'être exprimée par Feuerbach. Marx reconnaît d'ailleurs à Hegel une chose qu'il ne trouve pas chez Feuerbach : la conception hégélienne du travail. C'est une manière de louer Hegel au détriment de Feuerbach. L'homme est le résultat de son propre travail, de sa propre activité. Feuerbach ignore la dimension du travail, ce qui fait d'ailleurs que son communisme est en réalité très différent de celui du Marx des *Manuscrits parisiens*.

Pour Marx, le devenir du genre humain passe par une humanisation de la nature par le travail ; un tel humanisme est certes un naturalisme, mais un naturalisme différent de celui de Feuerbach. L'homme objective son essence par le travail, par l'activité productive. L'humanisation de la nature est logiquement, en suivant l'analyse marxienne exposée dans les diverses notes de lectures que représentent les *Manuscrits parisiens*, une naturalisation de l'homme :

> « L'histoire apparaît comme le processus conjoint d'humanisation de la nature et de la naturalisation de

l'économie politique, signe avant tout la reconnaissance de la dette que Marx doit à Hess. C'est seulement parce que ce dernier a transposé le schéma de l'aliénation sur le terrain de la vie sociale que Feuerbach peut apparaître comme celui qui a fourni le fondement d'une critique de l'économie politique », « Un Marx Feuerbachien ? », in Emmanuel Renault (dir.), *Lire les Manuscrits de 1844, op. cit.*, pp. 56-57.

l'homme, qui découle de ce que l'homme est un être de besoin. »[148]

La distinction que Marx établit entre l'humanisme théorique qui aboutit à l'athéisme et l'humanisme pratique qui aboutit au communisme permet de parler d'un dépassement de Feuerbach. Le communisme et l'athéisme ne sont pas équivalents, car Marx montre le primat de l'action sur la théorie. L'objectivation de l'essence humaine n'intervient plus chez Marx dans la religion comme ce fut le cas chez Feuerbach. Elle intervient plutôt dans le travail, dans l'activité humaine, dans le processus d'humanisation de la nature et du milieu extérieur ou environnant, l'homme s'objective dans son activité si particulière :

> « Dans les *Manuscrits de 1844*, une nécessité de la médiation par le travail joue donc le même rôle que la médiation religieuse chez Feuerbach : elle exprime la nécessité anthropologique de l'aliénation, préalable à la réappropriation. Mais la prise en compte du travail transforme la communauté visée par le dépassement de l'aliénation : davantage que la communauté affective de Feuerbach, c'est une communauté définie par la satisfaction des besoins médiatisée par l'activité productrice. »[149]

Marx montre certes que l'athéisme a une dimension philanthropique, mais une telle philanthropie est abstraite et n'est pas tournée vers l'action. La philanthropie du communisme est quant à elle tournée vers l'action. C'est pourquoi on peut rigoureusement affirmer que le communisme de Marx est supérieur à l'athéisme feuerbachien comme l'attestent ces propos :

> « Le communisme commence immédiatement avec l'athéisme. L'athéisme est au début encore bien loin d'être

[148] Jean Christophe Angaut, « Un Marx feuerbachien? », in Emmanuel Renault, *Lire les Manuscrits de 1844*, *op. cit.*, p. 68.
[149] *Ibid.*, p. 70.

> le communisme, de même que cet athéisme est plutôt encore une abstraction. La philanthropie de l'athéisme n'est donc qu'au début une philanthropie philosophique abstraite, celle du communisme est immédiatement réelle et directement tournée vers l'action. »[150]

Le communisme montre qu'avec l'abolition concrète de la propriété privée, apparaît de manière manifeste l'idée selon laquelle l'homme s'auto-engendre et que la nature et les objets extérieurs ne sont que le prolongement ou la manifestation des dispositions de l'homme. L'homme se crée par le travail, par sa propre activité.

Ainsi le communisme des *Manuscrits parisiens,* contrairement à l'athéisme feuerbachien, en montrant que l'homme s'auto-crée, que la nature est le prolongement de l'homme, réfute toute sorte de transcendance qu'elle soit divine ou humaine. L'athéisme de “droit” n'est plus utile, car Marx montre que l'homme et la nature sont un fait : l'homme crée la nature et la nature fait l'homme. On a plus besoin de Dieu pour expliquer une quelconque origine (génération spontanée), l'auto-engendrement de l'homme par le travail réfute l'athéisme :

> « L'athéisme, dans la mesure où il nie cette chose secondaire, n'a plus de sens, car l'athéisme est une négation de Dieu et par cette négation il pose l'existence de l'homme ; mais le socialisme en tant que socialisme n'a plus besoin de ce moyen terme. »[151]

Il faut souligner que la critique marxienne de Feuerbach ne se limite pas seulement aux onze *Thèses sur Feuerbach*, à *L'Idéologie allemande*, dans lesquels les limites de Feuerbach sont mises en évidence, ni aux controversés *Manuscrits parisiens*, car dans d'autres textes comme *La Question juive* qui sans conteste remet en cause la conception

---

[150] Karl Marx, *Manuscrits de 1844*, *op. cit.*, p. 88.
[151] *Ibid.*, p. 99.

bauerienne, on peut y déceler une certaine critique de Feuerbach, même si elle n'est pas faite de manière systématique.

La manière dont Marx analyse où traite *La Question juive,* sous certains rapports, emprunte le schéma feuerbachien de l'homme abstrait/l'homme réel, mais sous d'autres rapports, on peut y voir une tentative de dépassement non seulement de Bauer, mais aussi de Feuerbach.

En abordant *La Question juive*, Marx ne veut nullement supprimer les produits de la conscience (comme ce fut le cas chez Feuerbach), mais il veut opérer une désaliénation pratique. *La Question juive* n'est traitée ni de façon théologique ni de façon politique, mais de façon sociale ou économique. Loin de chercher le secret du juif dans la religion, Marx le cherche dans le juif réel. Le véritable fondement du judaïsme, à en croire Marx, est dans le besoin, le trafic, l'argent qui est le dieu et le culte du judaïsme :

> « L'argent est le dieu jaloux d'Israël, devant qui nul autre dieu ne doit subsister. L'argent abaisse tous les dieux de l'homme et les change en marchandise *[...]* L'argent c'est l'essence séparée de l'homme, de son travail, de son existence ; et cette essence étrangère le domine et il l'adore. Le dieu des juifs s'est sécularisé et est devenu le dieu mondial. L'échange voilà le vrai dieu du juif. Son dieu n'est qu'une traite illusoire. »[152]

La suppression du judaïsme signifie, selon Marx, la suppression du monde étriqué et marchand (la discussion sur l'antisémitisme de Marx n'a pas de sens, car ce que Marx vise ce n'est pas le judaïsme en tant que religion, mais le judaïsme en tant que pratique qui se reflète dans le monde

[152] Karl Marx, *La Question juive*, Paris, Union Générale d'Éditions, 1968, p. 52.

marchand, sur ce nous faisons nôtres les thèses De Fontenay[153]).

Les juifs ont transformé tout en marchandise, leur esprit pratique est celui du monde bourgeois. Le judaïsme non pas celui du Pentateuque et du Talmud, mais celui pratique devient une religion et transforme le christianisme en judaïsme. Un tel christianisme rend possible le développement de la société bourgeoise qui aliène l'homme. La société bourgeoise est l'apogée du judaïsme qui transforme tous les rapports en rapports d'argent, l'esprit du judaïsme s'est matérialisé dans la société bourgeoise. Marx veut désaliéner la société humaine de l'esprit pratique du judaïsme (l'argent). Ceci montre d'une manière ou d'une autre que Marx ramène la critique de la religion à la critique de la réalité pratique, ce qui n'est pas le cas chez Feuerbach : la vérité de la religion réside pour Marx dans la vie pratique.

[153] On sait que la littérature de l'époque assimilait le judaïsme à la bourgeoisie, c'était le seul moyen de lutter contre le régime de l'argent. La polémique de Marx/Bauer était née sur ce fond. Pour Bauer, la religion juive est un degré inférieur de l'évolution humaine, les juifs sont incapables d'universalisme et inaptes à l'émancipation.
Les chrétiens, dont la religion est universelle, peuvent s'émanciper et conquérir l'égalité politique ; les juifs doivent abandonner leurs particularités avant de s'émanciper et d'exiger un État laïque. Marx, répondant à Bauer, dira que le judaïsme est loin d'être dépassé, il est actuel, car il s'accomplit dans la vie de tous les jours. Marx critique Bauer qui justifie la politique réactionnaire du gouvernement prussien. Bauer pose de façon théologique le problème politique. Pour Marx, la véritable émancipation exige la transformation radicale de ce dont la politique n'est que le ciel, il transpose le problème religieux sur le terrain de l'économie politique. Pour Fontenay, il faut lire *La Question juive* avec *La Sainte Famille*, pour pouvoir comprendre que Marx loin de pourfendre les juifs, critique l'idéalisme, la philosophie spéculative de Bauer : « Si on ne lit pas *La Question juive* avec *La Sainte Famille*, on se condamne au contre sens, car là où Marx veut faire éclater à coups de marteau l'idéalisme hégélien, on s'imagine qu'il pourfend les juifs », Elisabeth Defontenay, *Les figures juives de Marx*, Édition Galilée, 1973, p. 23.

Notons qu'au tout début de ses géniales analyses, dans *L'Idéologie allemande*, Marx était totalement préoccupé par la critique des idéologues allemands qui se croyant révolutionnaires n'en demeuraient pas moins dans l'illusion. Cependant, il est vrai que dans ledit texte, les excellentes analyses de Marx, de la notion d'idéologie, axées majoritairement sur une critique de l'idéalisme, avaient tendance à reléguer au second plan la dimension politique de l'idéologie qui existait dans un tel texte. Cette critique de la dimension politique de l'idéologie sera davantage mise en valeur dans les textes historico-politiques de Marx.

CHAPITRE II

CRITIQUE DE LA DIMENSION POLITICO-ÉCONOMIQUE DE L'IDÉOLOGIE

De *L'Idéologie allemande* jusqu'aux ouvrages historico-politiques, Marx élargit l'analyse ou la critique de l'idéologie. Il passe d'une simple critique de la philosophie jeune hégélienne qui oublie ses bases matérielles, à une critique de la dimension politique de l'idéologie. Une telle dimension existait, il est vrai, dans certains passages de *L'Idéologie allemande*, mais elle était souvent masquée par la verte critique de la philosophie considérée comme l'idéologie par excellence dans ledit texte. Cette refonte permanente de la notion d'idéologie se poursuit dans toute l'œuvre de Karl Marx, elle se poursuit dans les œuvres économiques et particulièrement dans certains livres du *Capital* où l'analyse de la structure économique fait ressortir certaines représentations et conceptions idéologiques qui masquent l'essence des choses.

1. Critique de la dimension politique de l'idéologie

> « Marx emploie le terme idéologie en un sens assez large, le référant souvent à l'idéalisme et désignant par lui la vision du monde propre à certaines classes. »[154]

Le terme idéologie vient d'une école philosophique influente en France à la fin du XVIIIe et au début du XIXe siècles. Pour les philosophes de cette école empiriste,

[154] Jacques Bidet, *Que faire du* Capital *? Matériaux pour une refondation*, Paris, Klincksieck, 1985, p. 171.

sensualiste avec une tendance au matérialisme (Destutt de Tracy), il y a une science des idées, c'est-à-dire des concepts purement abstraits, qui étudie leur genèse : une telle science se nomme idéologie et les philosophes de cette école se nomment naturellement idéologues.

Par idéologie, il faut le préciser d'emblée, on n'entend pas ici sa définition comme science des idées. Telle que nous l'étudions, elle s'inscrit dans une certaine perspective politique. Autrement dit, elle signifie les conceptions ou représentations spirituelles qui sont à la base de la domination d'une classe par une autre. Marx a, nous semble-t-il, transformé le sens du terme idéologie[155]. Le terme

---

[155] Pour Patrick Tort, il n'y a pas un discours homogène de Marx sur l'idéologie, il y a deux discours opposés de l'idéologie comme il apparaît dans *L'Idéologie allemande*. Le premier discours qui sans doute est le plus manifeste dans *L'Idéologie allemande*, est celui qui est induit par la critique de l'idéalisme philosophique allemand, l'autre moins manifeste, mais existant tout de même dans ce même texte, est celui qui confère un rôle non pas passif, mais actif à l'idéologie, l'idéologie n'est plus un simple reflet, mais elle est calculée et voulue : « Le discours marxien sur l'idéologie est un discours complexe à plusieurs niveaux, au sein duquel l'articulation principale, manifeste et polémique, a recouvert l'opération d'une contradiction interne, non thématisée par une prise en considération explicite », *Marx et le problème de l'idéologie*, Paris, L'Harmattan, 2006, p. 50. Tort essaie de montrer que Marx n'élabore pas un seul discours sur l'idéologie, au contraire, il existe deux discours marxiens sur l'idéologie. Le premier discours et sans doute le plus répandu est celui qui est exposé dans la majeure partie de *L'Idéologie allemande* où Marx part en guerre contre l'idéalisme. Dans ce texte Marx réduit l'idéologie à un reflet qui dépend de l'organisation matérielle de la société qui caractérise toute société de classe. L'idéologie est considérée comme une représentation illusoire qui exprime mais de manière travestie la réalité matérielle qui seule a un réel pouvoir sur les formes de conscience. L'autre discours marxien sur l'idéologie, discours qui n'est pas totalement systématisé, définit l'idéologie comme un réel instrument de domination, de perpétuation d'une hégémonie. Un tel discours ou second discours apparaît de manière fragmentaire dans *L'Idéologie allemande*, mais apparaît de manière beaucoup plus affirmée dans *Le Capital :* « Il n'y a pas un discours marxien sur l'idéologie, mais en réalité deux discours,

acquiert souvent chez lui, sous sa plume, une connotation péjorative, il ne désigne plus la science des idées, de leur genèse, mais ce qu'il faut expliquer, il n'explique plus, mais doit plutôt être expliqué :

> « Le concept d'idéologie est un des plus originaux et des plus amples que Marx ait introduits. C'est aussi l'un des plus difficiles et des plus obscurs, bien que le langage courant l'ait admis. »[156]

En 1845 quand Marx et Engels décident de critiquer la philosophie post-hégélienne, c'est le terme d'idéologie qu'ils utilisent en référence à leur volonté affirmée de mettre en évidence les liens que les idées entretiennent avec la vie matérielle. Aux premières études de Marx, l'idéologie désigne une pensée aux prises avec le réel mais qui n'aperçoit pas pour autant son origine réelle : la pensée ne doit nullement être analysée, selon Marx, à partir de sa pure et propre logique, mais à partir de son rapport à son origine réelle. Dans un second temps, l'idéologie désigne les pensées qui contribuent à maintenir dans son inversion totale un monde caractérisé par des rapports de domination, de subordination et d'exploitation humaines. Elle désigne une représentation partielle et fallacieuse, combinée à un rapport de domination avec lequel elle se trouve en relation d'appui réciproque.

Le texte de *L'Idéologie allemande* est rédigé par Marx et Engels en 1845-1846 sans être publié, mais sans pour autant être renié ; le projet qu'il portait se corrige au fur et à mesure de leur évolution intellectuelle. Leur théorie se veut une réelle intervention dans la réalité, elle conçoit les idées comme partie intégrante du réel. Les rapports des idées au

deux théories en conflit d'émergence simultanée, et dont les logiques s'opposent sans perspective immédiate de dépassement dialectique, sans capacité organique instantanée de synthèse supérieure », *Ibid.*, p. 12.

[156] Henri Lefebvre, *Sociologie de Marx*, PUF, 1974, p. 53.

réel par leur constitution deviennent des forces sociales. Ce que Marx désigne ainsi par critique désigne la relation de la théorie au monde. Autrement dit, il s'agit de comprendre la manière dont les idées se rapportent au monde, leur origine et leur impact en retour.

La situation de l'Allemagne de l'époque est particulière, car dans l'Europe de la Sainte Alliance, la Prusse est un État politiquement très arriéré :

> « Nous sommes sur le plan philosophique les contemporains de l'actualité, sans en être historiquement les contemporains. La philosophie allemande est le prolongement idéal de l'histoire allemande »[157]

La Prusse est un État aux nombreuses structures politiques féodales, rurales et préindustrielles du point de vue économique. L'État ou la censure fait régner l'ordre en brisant toute possibilité de contestation. Pourtant dans une telle Allemagne, on rencontre des contestataires (le libéralisme rhénan) qui s'inspirent de la Révolution Française et des Lumières. L'ébullition intellectuelle devient un débat théorico-politique entre les Jeunes et les Vieux-Hégéliens censeurs et doctrinaires du pouvoir en place qui refuse tout compromis et toute concession politique.

Les Jeunes-Hégéliens (hégéliens de gauche) font de la critique de la religion la seule et véritable critique pour un réel changement politique :

> « Toute la critique de Strauss à Stirner se limite à la critique des représentations religieuses. »[158]

Marx juge une telle critique très limitée, car ne s'engageant pas de plain-pied dans la lutte politique. Les premiers développements du texte marxo-engelsien de

[157] Karl Marx, « Critique du droit politique de Hegel. Introduction », in Karl Marx et Friedrich Engels, *Sur la religion*, *op. cit.*, p. 47.
[158] Karl Marx et Friedrich Engels, *L'Idéologie allemande*, *op. cit.*, p. 43.

L'Idéologie allemande s'attaquent donc à la domination des idées (thèse jeune hégélienne). Une telle domination enferme les Jeunes-Hégéliens dans l'illusion et les condamne à l'inaction. Pour sortir de l'illusion ou de l'idéologie, Marx rejette la foi d'un pouvoir unilatéral des représentations spirituelles et étudie leurs racines et leurs fonctions sociales. Les représentations ne peuvent être efficaces que si l'on comprend leur relation intime avec la vie matérielle :

> « Le terme d'"idéologie" tel qu'il apparaît sous les plumes de Marx et d'Engels indique avant tout ce déplacement de l'analyse, de la considération des théories pour ce qu'elles disent vers l'étude de ce qu'elles sont, à l'intérieur de la totalité sociale où elles se développent. »[159]

L'Idéologie allemande critique le rapport illusoire de la philosophie allemande à l'idéologie définie comme production de fausses idées. Le texte marxo-engelsien montre que la simple dénonciation de la jeune philosophie allemande de l'illusion idéologique est elle-même idéologique, fallacieuse et totalement illusoire. La dénonciation de la jeune philosophie allemande ne saurait aboutir à une transformation effective de la réalité :

> « Egarés par le monde hégélien des idées, devenu le leur, les philosophes allemands protestent contre la domination des pensées, idées, représentations, qui jusqu'ici, selon eux, c'est-à-dire selon l'illusion de Hegel, ont donné naissance au monde réel, l'ont déterminé, dominé. Ils déposent une protestation et périssent *[…]* Dans le système de Hegel, ce sont les idées, pensées, concepts qui ont produit, déterminé, dominé la vie réelle des hommes, leur monde matériel, leurs rapports réels. Ses disciples *[les Jeunes-Hégéliens]* lui empruntent ce postulat *[…]* »[160]

---

159 Isabelle Garo, *L'Idéologie ou la pensée embarquée*, Paris, La Fabrique, Éditions, 2009, p. 42.
160 Karl Marx et Friedrich Engels, *L'Idéologie allemande*, *op. cit.*, note de bas de page, note 2, p. 40.

La jeune philosophie allemande en voulant libérer les hommes de l'idéologie tombe elle-même dans l'idéologie, elle enfonce davantage les hommes dans l'illusion. Autrement dit, la jeune philosophie allemande (Feuerbach, Bauer, Stirner) voulait dénoncer les illusions de l'humanité afin de transformer le réel. Marx dénonce à son tour la dénonciation de la jeune philosophie allemande qui est à ses yeux une fausse représentation de la réalité. Une telle philosophie est porteuse d'illusion d'efficacité. Pour Marx et Engels, ces jeunes philosophes qui se veulent révolutionnaires sont à l'image de l'homme qui croit que si les hommes se noient c'est par ce qu'ils sont dominés par l'idée de la pesanteur. Autrement dit, ôter l'idée de la pesanteur aurait suffi pour congédier tout risque de noyade ; de tels philosophes sont « des moutons qui se prennent et qu'on prend pour des loups. »[161]

Les jeunes philosophes allemands dénoncent les répercussions des fausses représentations dont les hommes sont auteurs et en même temps victimes. Marx et Engels dénoncent à leur tour l'innocente conviction, des jeunes philosophes allemands, de l'efficacité d'une critique qui pourrait changer le réel par la simple dénonciation de l'illusion idéologique :

> « Les seuls résultats auxquels peut aboutir cette critique philosophique furent quelques éclaircissements en histoire religieuse - et encore d'un point de vue très étroit -, sur le christianisme ; toutes leurs autres affirmations ne sont que de nouvelles façons d'enjoliver leurs prétentions d'avoir apporté des découvertes d'une portée historique grâce à ces éclaircissements insignifiants. »[162]

Ainsi, à en croire Marx et Engels, dans *L'Idéologie allemande*, la philosophie serait idéologique, une telle

[161] *Ibid.*, p. 39.
[162] *Ibid.*, p. 44.

philosophie considérée comme idéologique est certes innocente[163] mais elle est en tant que telle dangereuse. Ce "danger" que représente la philosophie pousse d'ailleurs Marx et Engels à dénoncer l'illusion qui consiste à accorder une primauté aux idées. Pour eux, il est plus qu'urgent d'établir le lien entre la pensée et la pratique, de montrer que le discours théorique est généré par le réel historique. Marx et Engels réduisent, dans un tel texte, la critique de l'idéologie à celle de l'idéalisme. L'idéalisme croit à une existence et à une "réelle histoire des idées". Cette croyance est une pure illusion.

La philosophie allemande, celle des philosophes qui se croient révolutionnaires, ne dépasse nullement le simple cadre de l'illusion idéologique, c'est-à-dire le cadre qu'impose une domination des idées, elle participe de ce fait au renforcement de l'idéologie :

> « Ils *[les criticistes allemands]* ont en commun cette croyance à la domination des idées ; ils ont en commun la croyance que leur raisonnement critique amènera fatalement la fin de l'état des choses existant, soit qu'ils s'imaginent que leur pensée individuelle suffira à obtenir ce résultat, soit qu'ils veuillent conquérir la conscience de tous. »[164]

La croyance en une production du monde par les idées, illusion hégélienne, marque cette philosophie qui se veut tout de même critique. Le monde réel ne saurait changer par un simple changement des idées. Par conséquent, pour Marx, la philosophie allemande n'a pas dépassé Hegel. Cette limite d'une telle philosophie explique d'ailleurs l'équivalence établie entre l'idéologie, l'idéalisme et la philosophie. Ainsi,

---

[163] Autrement dit, elle mène son débat dans les termes de ce qu'elle est supposée remettre en cause, elle ne sort pas du terrain qu'elle prétend malgré tout renier, le terrain de l'idéalisme hégélien, elle emprunte même son langage à Hegel.

[164] *Ibid.*, p. 40. (note de bas de page, note1)

seule une démarche qui retourne aux faits permettra une connaissance réelle de l'histoire et d'échapper à l'idéologie.

Pour Marx, l'idéologie à expliquer est un ensemble de représentations d'une époque donnée ou d'une société quelconque. Dans *L'Idéologie allemande*, on peut d'ailleurs affirmer que le premier sens du terme (Destutt de Tracy) ne disparaît pas totalement sous certains angles, car Marx donne d'une manière ou d'une autre une explication de la genèse des idéologies qu'il rattache aux conditions socio-historiques. Pour lui, la conscience qui naît de la pratique matérielle n'en est le parfait reflet que quand la pratique elle-même ne s'enveloppe pas d'images obscures, quand les rapports interhumains ne transitent pas par d'autres éléments et ne sont pas obscurs.

Les pratiques sociales, dans les structures sociales et les modes de production, produisent certaines représentations, elles sont à l'origine des représentations. De telles représentations peuvent, c'est un fait incontestable, refléter de manière fidèle la société ou l'obscurcir. Elles peuvent éclaircir la société d'une clarté illusoire tout comme elles peuvent la plonger dans l'obscurité la plus totale. Ainsi, la réalité sociale, les hommes dans leurs différentes relations, produit des apparences qui ont un effet sur les hommes et sur leurs pratiques :

> « Ces apparences sont le mode d'apparaître des activités humaines dans l'ensemble qu'elles constituent à un moment donné : les modalités de la conscience. Elles ont donc plus de consistance, sinon de cohérence que de simples illusions ou de vulgaires mensonges. Les apparences ont une réalité et la réalité comporte des apparences. »[165]

Pour Marx, l'idéologie, bien sûr, il faut aussi entendre par idéologie dans ce texte, les nombreuses productions réelles et représentatives : morale, religion, métaphysique, philosophie,

[165] Henri Lefebvre, *Sociologie de Marx*, *op. cit.*, p. 56.

politique, etc, n'a pas la capacité, n'a pas la volonté qu'elle manifeste : la volonté d'agir sur le monde, le monde n'est pas son résultat. En d'autres termes, la détermination du monde à laquelle prétend l'idéologie est une pure illusion ; elle est une image renversée de la détermination réelle. Ce qui justifie d'ailleurs l'emploi de la métaphore de la camera obscura[166] où l'image reflétée se tient de la même façon que sur la rétine.

Toutefois, cette double analogie utilisée par Marx pour caractériser l'illusion idéologique appelle à une certaine prudence concernant ce que peut révéler l'analogie. Il convient de noter que dans sa caractérisation de l'idéologie, Marx emprunte un registre technologique et un registre physiologique : la caractérisation est aussi bien technologique que naturelle.

Il faut alors s'empresser de noter que cette double analogie est assez problématique. En effet, Marx essaie de faire une comparaison entre la représentation idéologique qui est considérée comme une pure illusion et l'image renversée de l'objet qui apparaît dans la chambre noire et sur la rétine. Or, une telle image inversée ne peut être une illusion que si on la perçoit comme telle, car la rétine est en même temps le lieu de "projection et de redressement" de l'image. En d'autres termes, pour que l'analogie puisse continuer à caractériser l'idéologie, il faut nécessairement que l'homme puisse accéder à la perception de l'objet renversé, or c'est l'image totalement redressée qui parvient à l'homme :

> « L'homme assujetti aux illusions idéologiques serait ainsi l'analogue d'une rétine dépourvue de ses connexions

[166] « Et, si, dans toute l'idéologie, les hommes et leurs rapports nous apparaissent placés la tête en bas comme dans une camera obscura, ce phénomène découle de leur processus de vie historique, absolument comme le renversement des objets sur la rétine découle de son processus de vie directement physique », Marx et Engels, *L'Idéologie allemande,* pp. 50-51.

> postérieures, et cependant dotée d'une conscience (fausse, comme on s'en doute). L'analogie avec la chambre noire (où l'œil de l'opérateur perçoit réellement le renversement des objets) est donc infiniment plus adéquate que celle de l'œil lui-même. »[167]

L'idéologie impose l'illusion d'une création du monde par les idées, par la pensée. Pour rétablir la réalité, il faut montrer que les idées ne déterminent pas l'ordre matériel et les transformations sociales, mais à l'inverse, c'est l'ordre matériel, la base socio-économique, susceptible de modifications, qui engendre la production idéologique. L'idéologie qui impose alors une certaine illusion comme réalité première et fondamentale est elle-même une illusion. Dans ce mouvement d'analyse de l'idéologie qu'on retrouve dans certaines parties de *L'Idéologie allemande*, on peut dire que Marx ne lie pas la production de l'idéologie à une classe, elle n'est pas d'abord liée à une origine très intentionnelle ou déterminée :

> « L'idéologie est à la fois produite et subie – et subie là même où elle est produite – sans qu'il soit permis pour l'instant d'assigner à sa production une origine intentionnelle ou volontaire, ni du reste aucune "origine" distincte de la "classe" dont elle exprime la domination. »[168]

Marx pour étudier l'idéologie s'adonne à une critique acerbe et à une explication historique des représentations spirituelles et idéologiques. Les idéologies qui sont des illusions sont des créations humaines qui n'ont que l'apparence d'une autonomie. Autrement dit, par rapport à la production matérielle, à la vie concrète, elles n'ont aucune indépendance, aucune autonomie. Pour Marx, si on veut comprendre l'histoire, on ne saurait partir de la conscience au risque de mutiler l'histoire. Il faut plutôt partir de la vie réelle

[167] Patrick Tort, *Marx et le problème de l'idéologie*, *op. cit.*, pp. 24-25.
[168] *Ibid.*, p. 25.

pour expliquer la conscience. Le matérialisme critique les idéologies, les illusions, met fin à la pure phraséologie. Dans *L'Idéologie allemande*, Marx rapporte l'idéologie à ses véritables conditions pour qu'elle puisse cesser d'être une fausseté. L'idéologie est une théorie qui ignore ses présuppositions, une théorie sans lien avec l'action :

> « Presque toute l'idéologie se réduit ou bien à une conception fausse de cette histoire *[celle des hommes],* ou bien aboutit à en faire totalement abstraction. L'idéologie n'est elle-même qu'un des aspects de cette histoire. »[169]

Ce que méconnaît alors l'idéologie, c'est que la pensée par elle-même ne crée rien, c'est ce qui d'ailleurs engendre la fausse conscience ou la méconnaissance. Ce qui crée tout c'est la réalité matérielle. Ce qui signifie que l'idéologie est mue par des réalités pratiques et ce sont ces dernières qu'elles reflètent même si c'est de manière souvent illusoire. Autrement dit, l'illusion ne provient pas des idées elles-mêmes, mais de la fausse autonomie qu'on leur confère, de la représentation que l'homme se fait de telles idées :

> « L'illusion idéologique, c'est l'idéalisme philosophique : affirmer l'existence d'une force intrinsèque de la pensée, là où la pensée se divise d'avec les forces matérielles qui lui prescrivent son mouvement. Il en résulte que l'illusion et la fausse conscience concernent la forme des représentations, non leur contenu. »[170]

Pour Marx, l'analyse des idéologies permet d'atteindre une réelle connaissance des formations sociales. La critique de l'idéologie doit montrer que celle-ci n'est ni autonome et n'explique nullement le devenir historique, elle exprime plutôt la vie matérielle et permet de comprendre les

---

[169] Karl Marx et Friedrich Engels, *L'Idéologie allemande*, *op. cit.*, p. 45. (note de bas de page, note)

[170] Alain Badiou et François Balmes, *De l'idéologie*, Paris, François Maspero, 1976, p. 32.

structures sociales. Dans *L'Idéologie allemande*, Marx montre que les idéologies ne sont nullement intelligibles en elles-mêmes, l'analyse de leur contenu ne peut faire apparaître leur vérité, une telle vérité ne peut apparaître que si on établit et rétablit les liens que l'idéologie entretient avec la réalité matérielle. Autrement dit, dans un tel texte, Marx ne réduit pas l'idéologie à un pur effet de reflet, il s'agit plutôt de penser les représentations spirituelles en fonction des pratiques sociales afin de mettre en évidence leur effet sur la vie. Elles ne reflètent pas seulement une activité matérielle, elles participent à cette activité et permettent à la pratique matérielle de se coordonner.

En détachant la conscience de ses origines, les philosophes allemands se sont lourdement trompés et sont tombés dans des abstractions et des problèmes théoriques sans issue. Dès le début, la pureté de la conscience est remise en cause, à en croire Marx, par le langage. La conscience est consubstantielle au langage nous dit Marx, le langage est la conscience réelle existant pour l'être devenu conscient et pour d'autres hommes :

> « Le langage est aussi vieux que la conscience, le langage est la conscience réelle, pratique, existant aussi pour d'autres hommes, existant donc alors seulement pour moi-même aussi et, tout comme la conscience, le langage n'apparaît qu'avec le besoin, la nécessité du commerce avec d'autres hommes *[…]* La conscience est donc d'emblée un produit social et le demeure aussi longtemps qu'il existe des hommes. »[171]

Le langage est l'existence de la conscience. Il naît du besoin d'échanger avec d'autres hommes, la conscience étant liée au langage devient logiquement une œuvre sociale. La conscience humaine commence par une conscience sensible de la nature. Ce qui favorise l'existence de premières

---

[171] Karl Marx et Friedrich Engels, *L'Idéologie allemande*, *op. cit.*, p. 59.

illusions : la religion de la nature qui travestit les rapports humains en rapports purement naturels :

> « Bien entendu, la conscience n'est d'abord que la conscience du milieu sensible le plus proche et celle d'une connexité limitée avec d'autres personnes et d'autres choses situées en dehors de l'individu qui prend conscience ; c'est en même temps la conscience de la nature qui se dresse d'abord en face des hommes comme une puissance foncièrement étrangère, toute puissante et inattaquable, envers laquelle les hommes se comportent d'une façon purement animale et qui leur en impose autant qu'au bétail ; par conséquent, une conscience de la nature purement animale (religion de la nature). »[172]

Cette conscience ne se dégage de son travestissement qu'avec l'augmentation des besoins de la population, de la productivité. Ainsi, la division du travail qui au départ n'était que purement biologique (sexe, âge, vigueur physique) devient sociale et technique :

> « Cette conscience grégaire ou tribale se développe et se perfectionne ultérieurement en raison de l'accroissement de la productivité, de l'augmentation des besoins et de l'accroissement de la population qui est à la base des deux éléments précédents. Ainsi se développe la division du travail qui n'était primitivement pas autre chose que la division du travail dans l'acte sexuel, puis devient la division du travail qui se fait d'elle-même ou par “nature” en vertu des dispositions naturelles (vigueur corporelle par exemple), des besoins, des hasards etc. »[173]

En ce qui concerne l'émergence des idéologies, la division du travail la plus importante qui la favorise, à en croire Marx, est celle qui sépare le travail matériel et le travail intellectuel, l'action fabricatrice par la maîtrise des instruments et l'action sur les humains par des moyens non

---

[172] *Ibidem.*
[173] *Ibid.*, p. 60.

matériels comme le langage. La conscience dès ce moment de la division du travail intellectuel et du travail matériel se libère du réel pour construire des abstractions : morale, philosophie, droit. De telles abstractions loin d'être isolées, ont une cohérence interne que les idéologies tentent de leur donner :

> « La division du travail ne devient effectivement division du travail qu'à partir du moment où s'opère une division du travail matériel et intellectuel. À partir de ce moment, la conscience peut vraiment s'imaginer qu'elle est autre chose que la conscience de la pratique existante, qu'elle représente réellement quelque chose sans représenter quelque chose de réel. À partir de ce moment, la conscience est en état de s'émanciper du monde et de passer à la formation de la théorie “pure”, théologie, philosophie, morale, etc. »[174]

Marx ne combat pas en en tant que telle l'abstraction comme moyen de connaissance, il en fait d'ailleurs usage de manière récurrente. Ce qu'il remet en cause c'est l'abstraction victime de l'illusion idéologique. Une telle abstraction ne peut se comprendre qu'à partir de la séparation entre elle et sa base matérielle. Autrement dit, tout concept doit permettre de comprendre sa véritable et vérifiable base matérielle, car si le lien est rompu avec cette base, le concept peut devenir une puissance effective d'aliénation :

> « L'homme aliéné idéologiquement est, littéralement, celui qui a été dessaisi du concept, c'est-à-dire ce qui lui permettait de saisir le monde, pour être à son tour saisi par sa propre pensée aliénée, désappropriée, retournée contre lui-même sous la forme inversée d'une puissance qui s'exerce indépendamment de lui. »[175]

Marx essaie alors de rétablir ce que la division du travail défait, le rapport entre l'abstraction et le monde. Pour lui

---

[174] *Ibidem.*

[175] Patrick Tort, *Marx et le problème de l'idéologie*, *op. cit.*, p. 76.

toute idéologie ne peut réellement exercer sa puissance qu'en occultant constamment sa propre base. D'où l'impérieuse nécessité de restituer au concept sa base confisquée par une certaine autonomisation. Il faut reconstituer l'histoire des idées, établir et rétablir la connexion de leur sens et fonction à travers leur origine.

Marx explique la séparation des activités matérielles et des activités spirituelles, dans *L'Idéologie allemande,* par la division du travail. On sait que pour Hegel et ses épigones, le lien entre les idées et la structure matérielle n'est pas mis en évidence, de telles idées étant considérées comme les puissances qui expliquent l'histoire. Marx accepte certes l'existence des idées mais cherche leur origine dans la réalité sociale.

En effet, suivant la division du travail, les travailleurs intellectuels de la classe dominante deviennent par voie de conséquence les idéologues de cette dernière. Ils sont ainsi censés fabriquer les illusions dont une telle classe, la leur naturellement, a besoin pour être considérée comme la classe qui représente les intérêts généraux. Autrement dit, pour Marx, toute classe, au début de sa révolution, représente face à la classe dominante, l'intérêt général de ceux qui ne sont pas au pouvoir. Mais une fois qu'elle conquiert le pouvoir, naît un antagonisme manifeste entre son intérêt strict et l'intérêt général qu'elle prétendait défendre. C'est ainsi que naissent les idéologies dans l'histoire de l'humanité : la féodalité se basait sur les principes de l'honneur, de la fidélité ; la bourgeoisie sur ceux de la liberté, de l'égalité, de la fraternité :

> « Toute classe qui aspire à la domination, même si sa domination détermine l'abolition de toute l'ancienne forme sociale et de la domination en général, comme c'est le cas pour le prolétariat, il s'ensuit donc que cette classe doit conquérir d'abord le pouvoir politique pour représenter à

> son tour son intérêt propre comme étant l'intérêt universel, ce à quoi elle est contrainte dans les premiers temps. »[176]

Dans l'évolution de sa pensée et dans la volonté de compréhension des conditions d'existence capitaliste, Marx réélabore de manière permanente la notion d'idéologie et met en exergue sa dimension politique et ce déjà dans *L'Idéologie allemande* (Marx passe dans un tel texte d'une critique philosophique de l'idéologie à son analyse politique : les deux discours cohabitent dans ce texte).

Pour Marx, les idées dominantes coïncident avec une certaine domination qu'elles étayent en la légitimant. En 1845, c'est-à-dire dans le même texte de *L'Idéologie allemande*, l'analyse marxienne de l'idéologie fait prévaloir une analyse de classe qui renvoie les idées dominantes à leur fonction de sublimation, elle fait en même temps entrevoir l'idée d'une révolution de la part de ceux qui subissent l'oppression. En effet, le prolétariat, une fois constitué en classe, devient une force politique qui rend inefficace et utopique l'idéologie dominante. Autrement dit, pour Marx, il est important de rédiger *L'Idéologie allemande* qui est un moyen qui permet de lutter contre le pouvoir qui brouille et occulte la réalité et porte ainsi atteinte à la "conscience communiste".

La théorie de l'idéologie exposée peut et doit rendre compte d'elle-même, elle n'oppose pas d'emblée l'idéologie à la science (fameuse thèse althussérienne), mais au communisme qui est considéré comme la conscience politique de la classe qui est entrain de se constituer : le prolétariat. Ceci montre que la critique de l'idéologie est aussi liée à la démarche théorique et politique de Marx. En un mot, réfuter les fausses idées revient à leur objecter de réelles représentations ou idées et faire apercevoir leur solide base réelle :

---

[176] Karl Marx et Friedrich Engels, *L'Idéologie allemande, op. cit.*, p. 62.

> « La fameuse métaphore de la chambre noire n'est pas utilisée par Marx pour dénoncer une inversion spécifique aux représentations, mais pour souligner l'inversion du monde qui la cause et qui est consubstantielle à un mode de production fondé sur l'appropriation privée des richesses socialement produites. »[177]

Dans la suite de son texte, Marx affirme avec insistance que l'idéologie dominante d'une société est sans aucun doute celle de sa classe dominante dont les idées ne sont que celles de sa domination : les idées d'une époque ne sont que l'intériorisation de ce qui existe dans la vie pratique, voire même la validation de ce qui existe dans la pratique quotidienne :

> « Les pensées de la classe dominante sont aussi, à toutes les époques, les pensées dominantes, autrement dit la classe qui est la puissance matérielle dominante de la société est aussi la puissance dominante spirituelle. La classe qui dispose des moyens de la production matérielle dispose, du même coup, des moyens de la production intellectuelle, si bien que, l'un dans l'autre, les pensées de ceux à qui sont refusés les moyens de production intellectuelle sont soumises du même coup à cette classe dominante. »[178]

L'idéologie se considère comme ce qui régente l'organisation de la société, ce qui même la crée. Une telle conviction résulte du fait qu'au sein de la société, l'organisation de la production fait qu'une classe dominante produit et détermine l'idéologie, les diverses représentations spirituelles et idéologiques. Ce qui montre d'une manière ou d'une autre que la domination des idées sur le réel, résulte elle-même d'une réelle domination de la classe hégémonique sur la société. En un mot, la domination des idées est une conséquence logique d'une domination matérielle exercée par une classe :

---

[177] Isabelle Garo, *L'Idéologie ou la pensée embarquée*, *op. cit.*, p. 55.
[178] Karl Marx et Friedrich Engels, *L'Idéologie allemande*, *op. cit.*, p. 75.

> « Les idées qui accompagnent cette domination, et à travers lesquelles cette domination se pense elle-même dans les consciences des membres de la classe dominante, sont donc à juste titre désignées comme le reflet ou l'écho d'une telle situation de base, et s'imposent à ce titre. C'est ainsi qu'elle (l'idée que la pensée domine le monde) constitue l'explication la plus englobante de l'idéalisme philosophique, dont la pensée allemande comme celle des "autres peuples" n'est jamais parvenue à se dégager entièrement. L'idéologie est ainsi la partie imaginaire illusoire et illusionnante d'un règne matériel effectif, dont elle est en même temps l'effet réel et le reflet fantastique, ou l'effet-reflet réel et fantastique. »[179]

Ce que Marx et Engels mettent en évidence, c'est que l'idéologie d'une classe dominante qui maîtrise l'organisation de la production sociale devient pour cette classe l'image totalement inversée de l'organisation de la pratique sociale, elle est un reflet, mais un reflet trompeur. En un mot, c'est en tant qu'elle est une image inversée de la réalité que l'idéologie est totalement conforme à ce qu'elle reflète naturellement :

> « L'idéologie est donc l'illusion renversante de la classe dominante sur sa propre pratique, et cette illusion consiste à (se) représenter cette pratique de domination et d'exploitation comme l'effet naturel ou la juste application des principes abstraits (transcendants, éthiques ou rationnels) appartenant à la sphère intangible des idées. »[180]

L'idéologie, est à en croire Marx, un reflet mutilé du réel. Dans les idéologies, les hommes et leurs conditions d'existence apparaissent à l'envers comme dans une chambre noire. Les hommes dans leurs représentations inversent tout. Pour Marx, la conscience doit être le reflet fidèle de l'être social, mais une certaine loi de l'être conscient réfléchit cet

[179] Patrick Tort, *Marx et le problème de l'idéologie*, *op. cit.*, p. 26.
[180] *Ibid.*, pp. 26-27.

être autrement qu'il n'est en réalité. Ces fausses représentations du réel se réfèrent soit au rapport de l'homme avec la nature soit au rapport interhumain. Marx réduit ainsi l'idéologie à une représentation illusoire de l'histoire, à une représentation abstraite de l'histoire :

> « Toute l'idéologie est un ensemble d'erreurs, d'illusions, de mystifications, explicables à partir de ce qu'elle déforme et transpose : l'histoire. »[181]

L'idéologie est une théorie qui cache sous sa vocation universelle, un intérêt particulier, un intérêt de classe, elle est une théorie qui représente des intérêts de classe, qui fait passer des illusions pour des réalités. Marx déplace ainsi le fondement de l'idéologie, on ne peut plus soutenir que l'idéologie est un pâle reflet, un reflet innocent :

> « Le fondement de l'idéologie se déplace. Il ne s'agit plus, sous couleur d'histoire, d'une sorte de destin ontologique astreignant la conscience à différer de l'être. Le fondement devient véritablement historique et sociologique : c'est la division du travail et c'est aussi le langage. »[182]

La domination idéologique doit être référée aux nombreux conflits réels existants. Autrement dit, entre l'existence d'une classe révolutionnaire porteuse d'idées révolutionnaires et la systématisation de l'idéologie dominante, il y a un lien dialectique qui ne saurait être esquivé : le conflit réel ou matériel. En d'autres termes, pour comprendre l'idéologie dominante, il faut la référer à ce qui s'oppose à elle :

> « Il n'y a d'idéologie dominante que par ce qu'existe en permanence une résistance à cette domination. Et c'est du point de vue de cette résistance que la domination apparaît

[181] Henri Lefebvre, *Sociologie de Marx*, *op. cit.*, p. 58.
[182] *Ibid.*, p. 59.

> comme telle, c'est-à-dire représentation de la domination concrète, la domination de classe. »[183]

Les idéologies partent d'une réalité partielle, la connaissance de la totalité échappe à la conscience du fait des sociaux étriqués. Elles (les idéologies) mutilent la réalité à partir des représentations édifiées par des groupes dominants. De telles représentations bien qu'elles aient mutilé la réalité s'érigent en une totalité, mais en une totalité illusoire, en une totalité fallacieuse et trompeuse : l'idéologie serait alors une représentation de la réalité, mais une représentation de la réalité qui est rigidement et totalement tronquée. Ce qui revient à dire que l'idéologie, sous sa vocation universelle, reflète une réalité mutilée :

> « Toute grande idéologie tend vers la généralité la plus grande : vers l'universalité. »[184]

Les idéologies ont d'une part, un caractère purement abstrait, et d'autre part, un caractère qui représente des intérêts particuliers. Autrement dit, elles essaient d'un côté de dégager des conceptions générales du monde, d'un autre côté, elles imposent des conduites, des manières de se comporter. Elles ignorent leur lien avec la praxis, leurs présuppositions d'une part, alors que d'autre part, elles ne sauraient se séparer de la praxis. Car elles sont des instruments dans les luttes de classe et deviennent efficaces en donnant un caractère universel aux valeurs particulières de leurs groupes ou classes.

Les idéologies comportent des abstractions mais ne restent pas enveloppées dans de pures abstractions, elles retournent à la réalité matérielle. Autrement dit, les abstractions en elles-mêmes n'ont aucun pouvoir ; les personnes qui dominent la production matérielle les utilisent pour légitimer leur manière d'être, leur domination. Elles,

[183] Alain Badiou et François Balmes *De l'idéologie*, *op. cit.*, p. 46.
[184] Henri Lefebvre, *op. cit.*, p. 63.

c'est-à-dire les idéologies, investissent le langage (créent leurs symboles, leurs mots) et font pénétrer la domination dans la conscience sociale :

> « Dans ce trésor, ou ce dépôt confié à l'ensemble de la société, la langue, tombent et s'entassent les illusions et les erreurs, les vérités triviales et les vérités profondes. »[185]

L'idéologie provient des inventions individuelles, dans le cadre de la lutte des classes pour la domination, elle ne reflète pas la vérité.

Les individus s'adonnent à l'idéologie, consentent à ses exigences et obéissent à ses principes. Sans un tel consentement, il serait difficile à l'idéologie de se perpétuer. En un mot, l'idéologie obtient le consentement des dominés tout en extorquant leurs richesses. Dans leurs diverses luttes, les idéologies élaborent différentes images : une image de la classe dominante d'elle-même par elle-même et pour elle-même qui la met en valeur, une image d'elle-même pour les autres groupes. Une telle image la valorise tout en dévalorisant les autres classes. Autrement dit, la conscience sociale se forme à partir de la théorisation des conditions réelles qui garantissent la domination politique de la classe hégémonique. En d'autres termes, les idéologues ou les spécialistes de la classe dominante mettent en avant des représentations qui valorisent leur classe tout en supprimant celles qui la dévalorisent.

Cependant, il faut noter que pour Marx, les idées de la classe dominante sont certes les idées dominantes, mais elles ne laissent pas moins place à l'existence et à l'invention de nouvelles idées. Il faut d'ailleurs tenir compte de ce fait pour comprendre les luttes pour le pouvoir, les fonctions de classe, l'opposition des intérêts. Ainsi, l'émergence des différentes idées révolutionnaires pour une classe révolutionnaire est fort

[185] *Ibid.*, p. 66.

possible : de telles idées ne sauraient exister sans au préalable l'existence de cette classe :

> « L'existence d'idées révolutionnaires à une époque déterminée suppose déjà l'existence d'une classe révolutionnaire. »[186]

Pour Marx, pour qu'existe une idéologie antagonique à l'idéologie dominante, il faut que puisse exister un programme qui s'oppose à la domination, il faut qu'existe une classe révolutionnaire. Autrement dit, les classes exploitées incapables de se muer en classes révolutionnaires verraient leur idéologie condamnée à une pure stérilité. Le marxisme-léninisme étant la solution pour résister à l'idéologie dominante (selon la glose marxologue), la théorie révolutionnaire dépasse alors les idées produites par la masse. Il faut une théorie qui systématise l'idéologie et cela est le fait de l'organisation des dominés ou exploités en classe. Seule une classe peut systématiser et concrétiser les idées justes et scientifiques de la masse :

> « Le mouvement par lequel la dispersion des idées justes (phénomène de masse) se change en action révolutionnaire dirigée, c'est la systématisation marxiste (phénomène de classe). »[187]

Autrement dit, Marx essaie de montrer la fonction de l'idéologie dans le processus de désaliénation. En effet, tant que le prolétariat ne s'est pas organisé en classe politique, il vit sous l'emprise des rapports de domination et d'exploitation sans pouvoir réfuter et s'opposer à de tels rapports ni de manière théorique ni de manière pratique. La constitution du prolétariat en classe politique autonome lui offre la capacité d'élaborer ses propres représentations afin de renforcer ses moyens de défense contre les illusions du discours dominant et de s'immuniser contre l'idéologie

[186] Karl Marx et Friedrich Engels, *L'Idéologie allemande*, *op. cit.*, p. 76.
[187] Alain Badiou et François Balmes, *De l'idéologie*, *op. cit.*, p. 96.

dominante. Marx songe, dans sa démarche, à la manière dont les représentations s'organisent à partir de la praxis :

> « En mode de production capitaliste, les dominés n'acquièrent que par l'action politique collective la conscience de la domination subie, non comme science venue du dehors mais comme élaboration de représentations inédites, élaboration non plus déléguée à des spécialistes mais immanente aux pratiques de lutte et d'émancipation qu'elles accompagnent. »[188]

Pour Marx, l'histoire de l'idéologie est déterminée par le processus de vie matériel, elle n'a aucune autonomie. Un tel processus est, en se référant à la phrase inaugurale du fameux et historique *Manifeste du Parti Communiste*[189], déterminé par les oppositions d'intérêts entre classes opposées, entre classes dominées et classes dominantes. Ce sont ces dernières à savoir les classes dominantes qui sont à l'origine de la création des idéologies destinées à valider leur domination. Autrement dit, l'idéologie doit son fondement à l'impérieuse nécessité de sous-tendre une volonté de domination matérielle. Elle a une fin qui se révèle être la domination et un moyen qui n'est rien d'autre que la mystification, elle est une « mystification intéressée »[190] si l'on en croit Gabel.

Cependant, il faut noter qu'en suivant les textes de Marx, la mystification idéologique n'épouse pas une seule et unique

---

[188] Isabelle Garo, *L'Idéologie ou la pensée embarquée*, *op. cit.*, p. 56.

[189] « L'histoire de toute société jusqu'à nos jours est l'histoire de lutte de classes. Homme libre et esclave, patricien et plébéien, baron et serf, maître d'un corps de métier et compagnon, bref, oppresseurs et opprimés ont été en opposition constante, ils ont mené une lutte ininterrompue, tantôt cachée, tantôt ouverte, lutte qui chaque fois s'est terminée par une transformation révolutionnaire de la société tout entière ou par la ruine commune des classes en lutte », Karl Marx et Friedrich Engels, *Manifeste du parti communiste, op. cit.*, pp. 73-74.

[190] Joseph Gabel, *La fausse conscience*, Paris, Éditions de Minuit, p. 38.

forme, elle peut épouser au moins trois formes fondamentales.

Marx la considère d'abord comme un hiatus. Autrement dit, l'objet de l'idéologie n'est nullement de refléter fidèlement la réalité : elle n'a nullement une fonction épistémologico-théorique, mais à en croire Althusser «la fonction pratico-sociale l'emporte en elle sur la fonction théorique. »[191] En d'autres termes, sa fonction consiste à renforcer l'opacification des rapports sociaux, elle met hors-jeu le réel. L'idéologie est, pour reprendre une métaphore de Marx dans *Le 18 Brumaire*, le « rideau qui cachait les coulisses »[192], c'est le voile qui donne certes à voir, mais à ne voir que le réel mutilé, le véritable réel étant dans les coulisses. En un mot, si on l'applique à la politique, l'idéologie serait le voile que le regard du simple spectateur qui se plaît dans la pure contemplation ne saurait percer pour apercevoir la réalité des choses. Le scénario offert au spectateur dissimule ainsi la réalité des rapports de domination pour ne montrer qu'une représentation fallacieuse. La mystification est motivée, elle est faite non par pure fantaisie mais en vue de dominer. L'idéologie est, c'est une évidence, un réel processus de validation, de sublimation, de détournement des consciences non vers les valeurs réelles, mais vers celles qui favorisent l'intérêt strict de la classe dominante.

Ensuite, Marx considère l'idéologie comme une réelle méconnaissance. Ce qui signifie que l'idéologie n'est telle que si ses véritables desseins sont inconnus, dissimulés aux sujets dominés. Ce qui ne veut pas dire que la conscience ne saurait connaître : elle connaît, mais connaît quelque chose d'irréel. L'idéologie est une mystification, mais une mystification dont le mystifié ne se rend pas compte sinon

---

[191] Louis Althusser, *Pour Marx*, Paris, Éditions La Découverte, 2005, p. 238.

[192] Karl Marx, *Le 18Brumaire de Louis Bonaparte*, Paris, Éditions La Table ronde, 2001, p. 253.

l'efficacité de la mystification serait totalement ébranlée ou remise en cause. Dans le processus d'idéologisation, il est nécessaire que le mystifié ignore les desseins de l'idéologie :

> « L'idéologie est un processus que le soi-disant penseur accomplit sans doute avec conscience, mais avec une conscience fausse. Les forces motrices véritables qui le mettent en mouvement lui restent inconnues, sinon ce ne serait point un processus idéologique. »[193]

Autrement dit, les individus, destinataires de l'idéologie, ne prennent pas conscience du caractère mystificateur de l'idéologie, sinon ce ne serait plus un processus idéologique. De tels individus adhérent à l'idéologie et la considèrent comme représentation de la vérité. En termes très clairs, l'idéologie dissimule son fondement réel, ce qui fait d'ailleurs qu'une idéologie en est une c'est l'occultation de ses vrais buts, de ses vrais desseins. La mystification idéologique doit être ignorée par ses destinataires. L'idéologie doit alors se mystifier doublement. En un mot, une idéologie non mystifiée n'en est pas une :

> « Chaque idéologie, une fois constituée se développe sur la base d'éléments de représentations données et continue à les élaborer sinon elle ne serait pas une idéologie *[...]* Que les conditions d'existence matérielle des hommes, dans le cerveau desquels se poursuit ce processus mental, en détermine en fin de compte le cours, cela reste chez eux nécessairement inconscient, sinon c'en serait fini de toute idéologie. »[194]

Marx considère enfin l'idéologie comme une représentation renversée de la réalité. En d'autres termes, la réalité dans l'idéologie n'est pas esquivée, mais mise à

---

[193] Friedrich Engels, "Lettre à Franz Mehring", 14 Juillet 1893, in Karl Marx et Friedrich Engels, *Etudes philosophiques*, *op. cit.*, p. 165.

[194] Friedrich Engels, « *Ludwig Feuerbach et la fin de la philosophie classique allemande* », in Karl Marx et Friedrich Engels, *Etudes philosophiques*, *op. cit.*, p. 56.

l'envers. La conscience mystifiée perçoit certes une réalité, mais il s'agit d'une réalité renversée. L'idéologie procède alors à la manière de la chambre noire dans laquelle les images réfléchies sont renversées. Le rapport réel dans le processus idéologique est renversé.

Dans la simple justification politique, l'idéologie comme renversement du conséquent et de l'antécédent est attestée par le fait que l'idéologie bourgeoise dans des situations de perturbation ou de crise, présente l'attitude antibourgeoise des ouvriers comme la cause des mesures anti-ouvrières alors qu'en réalité une telle attitude est l'effet nécessaire de telles mesures. De même comme le montre Gabel, à l'ère du nazisme, le régime nazi présentait l'attitude antiallemande des juifs comme la cause des mesures antisémites alors que cette attitude est l'effet de telles mesures. Car à l'en croire avant Hitler, le judaïsme était favorable à la culture allemande. L'idéologie, en vue de justifier sa pratique, universalise les choses : la conséquence devient la cause et vice versa :

> « La pensée égocentrique structure le temps non pas en fonction de processus objectifs, mais en fonction des critères du système privilégié. »[195]

Ces différentes formes de l'idéologie ont une vocation pratique commune. La mystification idéologique qu'elle épouse la forme de hiatus, de méconnaissance, de renversement, se prête à une unique finalité pratique. En effet, toute domination, désirant se perpétuer dans le temps, ne peut se passer d'une mystification idéologique qui dissimulerait ses véritables fondements. Car les hommes pris dans une idéologie n'accepteraient de s'y conformer que si cette dernière se veut le garant de l'intérêt de la société dans sa globalité. Cette dissimulation du particulier dans le général, fruit de la mystification idéologique, est

[195] Joseph Gabel, *La fausse conscience*, *op. cit.*, p. 90.

incontournable. Car, sans elle, les individus vivant dans le système idéologique ne manqueraient pas de renverser le système existant.

La domination d'une classe nécessite une mystification spirituelle. Autrement dit, la puissance matérielle pour se pérenniser doit mettre inévitablement en place des représentations capables de masquer sa domination et de garantir l'obéissance autour des valeurs qui magnifient ses intérêts particuliers. L'idéologie apparaît ainsi comme l'instrument incontournable pour la perpétuation et la pérennisation de l'hégémonie d'une classe sur une autre, c'est une arme d'illusion nécessaire.

L'idéologie considérée comme arme de domination d'une frange de la population sur une autre explique sans doute le fait que la société capitaliste soit celle où la mystification a atteint des propensions énormes. En effet, dans le processus de la production marchande, le bourgeois après avoir mystifié les produits sociaux, procède à la mystification idéologique qui permet d'occulter sa domination sur l'ouvrier. Cela fait de son idéologie une double aliénation : une aliénation matérielle et une aliénation spirituelle, celle-ci perpétuant celle-là.

Une aliénation spirituelle, car l'ouvrier vit dans un monde mystifié où les produits de sa conscience sont déconnectés de la réalité. L'ouvrier croit fermement comprendre l'essence authentique des choses, pourtant il n'en voit qu'un simple reflet. Toutes les nombreuses représentations reçues par l'ouvrier ne font que dérouter sa conscience de l'essence des choses, ce sont des représentations purement mystificatrices. La conscience idéologique de l'ouvrier est, à en croire Gabel, une conscience schizophrénique, elle est détachée du monde réel et est foncièrement plongée dans un monde totalement illusoire :

> « La structure schizophrénique des idéologies se manifeste avant tout par leur caractère autiste, c'est-à-dire étranger au réel, par leur imperméabilité à l'expérience. »[196]

Une aliénation matérielle, car, il faut l'affirmer, si l'idéologie bourgeoise dissimule les fondements de sa domination, c'est pour la préservation de son hégémonie. En un mot, l'aliénation spirituelle masque celle matérielle et la perpétue. L'aliénation spirituelle n'est alors qu'une intensification de celle matérielle, ce qui fait que la lutte pour l'émancipation prolétarienne se dirigera aussi et nécessairement contre l'idéologie.

Cependant, il est important de souligner que la bourgeoisie produit certes les idées mystificatrices nécessaires à la perpétuation de sa domination, mais elle n'échappe pas pour autant à l'aliénation idéologique : le mystificateur peut être mystifié. La bourgeoisie met en place des représentations spirituelles nécessaires à sa domination, mais elle ignore la portée de telles représentations.

En effet, en produisant les idées mystificatrices, la bourgeoisie produit inconsciemment les conditions qui la conduisent à sa perte. La conscience bourgeoise est par conséquent une conscience aliénée, car elle est une méconnaissance d'un état réel à venir dont elle est pourtant responsable. Les idéologues bourgeois sont à l'image du magicien, dont Marx et Engels font état dans le *Manifeste du Parti Communiste,* qui allume du feu qui finira par le brûler car ne le maîtrisant plus. La non prise en compte du processus autodestructeur conduit la bourgeoisie à sa propre perte :

> « La pensée bourgeoise considère toujours et nécessairement la vie économique du point de vue du capitaliste individuel, et il en résulte automatiquement cette opposition aiguë entre l'individu et la loi de la nature, toute

[196] *Ibid.*, p. 87.

> puissante, impersonnelle, qui meut toute la société. De là découlent non seulement la rivalité entre intérêt de classe et intérêt individuel en cas de conflit, mais encore l'incapacité principielle à maîtriser théoriquement et pratiquement les problèmes surgissant nécessairement de la production capitaliste. »[197]

La conscience bourgeoise se dirige inévitablement vers la “fausse conscience”, car étant une non conscience de sa propre situation ; elle ignore même son caractère révolutionnaire. En effet, en exacerbant son système d'enrichissement illicite et les antagonismes d'intérêts à un point de non retour, la bourgeoisie met en place sans le savoir les conditions nécessaires d'une rupture qui se concrétisera par le dépassement de sa société grâce au communisme.

Cependant, il faut noter que dans les ouvrages historiques, Marx aborde de manière beaucoup plus explicite le problème des idéologies politiques. Il analyse les classes en conflit et leurs formes de conscience politique, les conditions historiques qui donnent naissance aux idéologues et à leur intervention. En étudiant la révolution de 1848 en France, Marx fait une part belle aux imaginaires, ce qui lui permet d'élargir et d'étayer les orientations déjà présentes dans *L'Idéologie allemande*. Le substantif idéologie disparaît, d'où la modification des idées initiales de *L'Idéologie allemande*. L'analyse marxienne se tourne vers une définition politique de l'idéologie qui existait certes dans un tel texte, mais dont l'analyse était régulièrement remise au second plan par la critique des Jeunes-Hégéliens. Dans ses nouvelles et géniales analyses, Marx réfère l'idéologie aux intérêts de classe, les conflits idéologiques ne reflétant que les contradictions matérielles.

---

[197] Georg Lukács, *Histoire et conscience de classe*, *op. cit.*, p. 88.

Pour Marx, lorsque l'aristocratie foncière magnifie la grandeur de la monarchie, elle n'exalte ou n'exprime que sa volonté de préserver dans un système ses privilèges, lorsque la bourgeoisie industrielle exalte la grandeur d'une monarchie parlementaire, elle ne vise réellement qu'à proposer un régime où elle consoliderait son pouvoir et défendrait ses diverses et nombreuses prérogatives (commerce, industrie) :

> « Une idéologie peut donc être plurifonctionnelle : le même discours peut simultanément cacher une réalité aux acteurs, rendre possible une entreprise, illusionner les classes dominées *[...]* Le propre de l'illusion idéologique est d'être vécue avec un caractère marqué de vérité. »[198]

Le sens de la notion (les idéologues) s'élargit, ce qui fait que Marx dans ses textes politiques (1848-1852) leur confère un rôle politique non négligeable. Autrement dit, les idées collectives sont déterminantes. Les intérêts de classe sont certes déterminants, mais ils ne peuvent être effectifs que par la médiation des convictions collectives bien organisées qui poussent les individus à agir[199]. *Le 18 Brumaire* s'inscrit

[198] Pierre Ansart, *Idéologies, conflits et pouvoir*, Paris, PUF, 1997, p. 57.

[199] Il y a dans le processus idéologique, une certaine adhésion rationnelle à des idées sous l'emprise de l'affection : le marxisme est une idéologie scientifique, le christianisme, une religion personnelle : des choses sans doute incomparables. Cependant, on n'adhère à aucune de ces formations de façon purement déductive. C'est dans une certaine logique affective que se crée une vision du monde qui s'impose. Cette charge affective a pour fonction de créer un lien fort entre l'individu et son milieu. Une idéologie est ainsi un ensemble d'affects agissants dans la mesure où elle connecte des forces sociales sur un individu singulier. Dans les premières phrases des *Mémoires de guerre* du Général de Gaulle, on voit comment une certaine action peut être ordonnée à une certaine idée, comment certains fantasmes peuvent favoriser un engagement sans faille : « Toute ma vie, je me suis fait une certaine idée de la France. Le sentiment me l'inspire aussi bien que la raison. Ce qu'il y a, en moi, d'affectif imagine naturellement la France, telle la princesse des contes ou la madone aux fresques des murs, comme vouée à une destinée éminente et

dans une telle perspective, le substantif "idéologie" est remplacé par les termes "idéologues". Cependant, cette orientation de l'analyse en direction d'une compréhension de la fonction politique de l'idéologie ou des représentations ne fait pas pour autant disparaître la critique des représentations dominantes. Certaines représentations ne sont que des mensonges, mais des mensonges qui ont une portée politique importante, c'est pourquoi d'ailleurs Marx les dénonce sans aucune concession. Les combattants ou les ouvriers voyaient dans la République, une République sociale, alors qu'elle n'était qu'un déguisement de la domination bourgeoise qui ne tardera pas à se retourner contre les vaillants combattants des fameuses journées de Juin :

> «La République est l'exemple par excellence d'une représentation concrète historiquement effective, qui n'en demeure pas moins une élaboration imaginaire, une symbolique collective, un projet politique et une constitution institutionnelle où se réfractent et se déploient toutes les contradictions du moment. »[200]

Pour Marx, les révolutions de Juillet et de Février voilaient leurs véritables objectifs afin de pousser les autres classes en particulier les ouvriers à rejoindre leur révolution pour réaliser les transformations qu'espéraient les dirigeants de telles révolutions : les bourgeois. Marx met en évidence la puissance des idéologies bourgeoises qui font partager leurs causes aux ouvriers pour parvenir non à la satisfaction des intérêts de toutes les classes, mais pour parvenir à la stricte satisfaction de leurs si particuliers intérêts matériels :

> « Dans les journées de Juillet, les ouvriers avaient conquis la monarchie bourgeoise, dans les journées de Février, la République bourgeoise. La monarchie de Juillet avait été

exceptionnelle. *[...]* Cette foi a grandi en même temps que moi dans le milieu où je suis né », Général de Gaulle, *Mémoires de guerre,* Paris, Plon, 1954, p. 1.

200 Isabelle Garo, *L'Idéologie ou la pensée embarquée*, *op. cit.*, p. 91.

> contrainte de se présenter comme une monarchie entourée d'institutions républicaines ; la République de Février dut être une République entourée d'institutions sociales. »[201]

Les hommes dans des périodes de crise ou de révolution, apparaissent sur la scène historique en empruntant tout (langage, costume)[202] à leurs illustres prédécesseurs pour donner du crédit à leurs actions et les légitimer/valider. Le passé leur sert de justification dans leur action présente. Cette référence au passé est une illusion déterminée, car elle permet de valider leur action et de faire croire à leurs semblables, à ceux à qui ils s'adressent, que leurs actions sont légitimes et fondées. Ils prennent le masque des anciens pour se justifier et se légitimer. La référence au passé n'est ni fortuite ni désintéressée, elle permet au contraire de mobiliser les énergies nécessaires pour matérialiser leur volonté de domination, elle est déterminée et mue par des intérêts. Cependant, Marx ajoute que de tels révolutionnaires, c'est-à-dire les bourgeois, ne sauraient mener à bien leur révolution que s'ils arrivent à se débarrasser de leurs masques, du poids contraignant du passé. Il en va de même pour l'enfant qui apprend une nouvelle langue, il ne peut s'emparer de l'esprit de la nouvelle langue qu'en cessant de la retraduire dans sa langue maternelle :

> « De même que le débutant, qui vient d'apprendre une langue étrangère, la retraduit toujours en sa langue maternelle ; et, s'il ne s'est assimilé le génie de la langue nouvelle, il ne peut s'en servir sans encombre que le jour où

---

[201] Karl Marx, *Le 18 Brumaire de Louis Bonaparte*, *op. cit.*, p. 33.

[202] « Les hommes font leur propre histoire. Mais ils ne la font pas au gré de leur initiative ni dans des circonstances librement choisies ; ils sont manœuvrés par les circonstances du moment telles que les ont créées les événements et la tradition. La tradition de toutes les générations passées pèse comme un cauchemar sur le cerveau des vivants », *Ibid.*, p. 172.

> il la manie sans la moindre réminiscence et en oubliant sa propre langue maternelle. »[203]

Marx montre que la bourgeoisie utilise le passé pour glorifier son action, dissimuler ses fins, mobiliser les énergies nécessaires pour la lutte. En un mot, l'évocation du passé est faite à des fins opportunistes ou idéologiques. Elle permet à la bourgeoisie non seulement de croire à la légitimité et à la grandeur ou noblesse de son action, mais elle permet aussi et surtout d'illusionner les ouvriers : le passé est utilisé à des fins idéologiques :

> «Dans ces révolutions *[bourgeoises]*, l'évocation des morts avait pour but de glorifier les luttes nouvelles et non pas de parodier les luttes anciennes, d'exagérer en théorie la tâche du jour et non pas de reculer en pratique devant sa réalisation, de retrouver l'esprit de la révolution et non pas d'en faire parader le fantôme. »[204]

Marx utilise ainsi la métaphore du théâtre pour montrer comment les acteurs historiques jouent sur la scène de l'histoire leurs différents rôles. Il montre dans son analyse du *18 Brumaire* comment la classe ouvrière Française n'arrivant pas à comprendre les représentations de la bourgeoisie, s'agrippe plus aux symboles qu'à la réalité effective. La République devient une forme politique qui garantit les intérêts et les prérogatives de ses détenteurs. Elle devient un organe qui permet le maintien de l'ordre. Autrement dit, elle est à la fois une entité totalement objective dotée d'une existence politique et une abstraction symbolique. Marx intègre à la structure objective de l'État, une fonction idéologique. Une telle conception le poussera d'ailleurs à réclamer la destruction de cette entité.

Le coup d'État du 2 Décembre 1851 montre que la question politique ne peut pas être réduite de manière

[203] *Ibid.*, p. 173.
[204] *Ibid.*, p. 174.

mécanique à la structure économico-sociale, mais doit être analysée dans sa spécificité et dans la situation conjoncturelle : la bourgeoisie étant menacée par la pression populaire et du danger du régime parlementaire face à la situation, dissout l'Assemblée, sacrifie la République bourgeoise, elle renforce l'exécutif au détriment du législatif. Marx met en évidence la nouvelle fonction de l'idéologie dans l'épisode impérial. Les paysans voyant en Napoléon III le symbole de leurs différents intérêts, l'incarnation imaginaire qui combine la revendication de la propriété parcellaire à un pouvoir fort (respect de l'armée, du clergé), fourniront la base du nouveau régime tandis que la grande bourgeoisie verra dans un tel régime le moyen de préserver ses intérêts. Napoléon joue consciemment un tel rôle, offrant à chaque partie l'illusion de représenter ses intérêts. La fonction de la représentation idéologique doit être abordée ici sous l'angle de l'édification d'une entité susceptible de rassembler les différentes aspirations : économiques, imaginaires, culturelles etc.

Au cours des nombreux usages de la notion d'idéologie, Marx montre rigoureusement la façon dont les différentes représentations au sens large (idées, croyances, monnaie) participent à la structure de la société. Pour Marx, l'apparition d'activités intellectuelles autonomes et spécialisées est liée à la formation des classes opposées, à la répartition inégalitaire des richesses et à l'exploitation du travail des ouvriers.

La recherche et la compréhension scientifique des conditions capitalistes nécessitent logiquement une réélaboration de la notion d'idéologie. D'une part, après une critique acerbe de la philosophie de l'Allemagne contemporaine, considérée au tout début de l'analyse marxienne comme l'idéologie par excellence, on assiste à une refonte politique de la notion d'idéologie dans le cadre de l'analyse des luttes de classes opposées. D'autre part, la notion est insérée dans une critique de l'économie politique pour comprendre le monde marchand dans sa totalité.

En se lançant dans la critique de l'économie politique, Marx poursuit sa refonte et sa réélaboration de la notion d'idéologie. Il définit la science de l'économie politique et insère l'idéologie au sein de certaines représentations qui ne sont pas de pures idées, mais des formes politiques. L'étude de la monnaie viendra compléter cette insertion de l'idéologic au sein de la formation économique. Loin d'abandonner la perspective de 1845, l'étude du monde capitaliste permet à Marx de combiner la critique de l'idéologie à celle de l'économie politique.

2. L'économie politique, une résurgence de la théorie de l'idéologie ?

> « L'idéologie en effet existe précisément comme ce décalage entre sens et conscience. » [205]

L'insertion de la fonction idéologique au sein de la formation économique et sociale permet à Marx de comprendre la fausseté de la vision capitaliste de la société. Une telle vision étant la condition de sa propre reproduction, le capitalisme se trouve dans la nécessité de l'entretenir et de la pérenniser. Le fait de pouvoir comprendre que la marchandise et le capital ne sont que des rapports sociaux, suppose une étude de la société capitaliste dans son ensemble. Une telle compréhension ne relève nullement d'une évidence naturelle mais d'une analyse rigoureuse et minutieuse qui pousse Marx à remettre en cause la conception naturaliste capitaliste. Pour Marx, le monde capitaliste est opaque et les apparences y dominent les réalités : le salaire et le profit donnent l'illusion d'une juste rémunération des travailleurs.

---

[205] Jacques Bidet, *Que faire du Capital ? Matériaux pour une refondation*, *op. cit.*, p. 200.

Marx, en analysant les rapports de production, découvre l'existence d'une certaine inversion de l'ordre normal des choses : le fétichisme[206] . Un tel fétichisme épouse et élargit la notion d'idéologie, il permet de faire la distinction entre l'analyse des apparences du mode de production capitaliste, mode d'exploitation manifeste, et leur caractère purement idéologique :

> « L'analyse de la circulation des marchandises va permettre à Marx d'approfondir ce que l'analyse de la seule circulation des idées ne permet pas d'apercevoir – la formation d'apparences qui naissent au cœur même du mode de production et de circulation des marchandises avant même de se manifester comme représentations mentales immédiates et a fortiori comme thèses théoriques élaborées. »[207]

L'analyse du changement des fonctions de l'argent permet à Marx de voir que celui-ci n'est pas une réalité purement autonome : il représente la quantité de travail abstrait qui s'est cristallisée dans les produits, il est ce qui permet aux marchandises de pouvoir s'échanger. Pour Marx, l'argent ne se limite pas dans le circuit de l'échange, il peut en sortir et devenir la fin même de l'échange. Autrement dit, l'argent est à la fois la représentation adéquate et illusoire, moyen d'échange et finalité, de l'échange. Par l'analyse du fétichisme, Marx découvre que le fétichisme est une représentation subjective engendrée au niveau de la production qui unit le monde de la production à ses idées et croyances. Le fétichisme est une réalité élaborée qui engendre une illusion sociale :

---

[206] Pour de plus amples explications sur le fétichisme de la marchandise, il faut se référer à notre récent ouvrage : Ousmane Sarr, *Le problème de l'aliénation. Critique des expériences dépossessives de Marx à Lukács*, Paris, L'Harmattan, 2012, pp. 91-121.

[207] Isabelle Garo, *op. cit.*, p. 124.

> « L'idéologie n'est pas avant tout une illusion produite par des spécialistes des idées, mais l'organisation subjective plus ou moins raffinée d'apparences sociales objectives qui naissent à même le processus productif et marchand. »[208]

Le caractère social de la marchandise, ne se rapportant plus aux conditions objectives de la production mais aux qualités de l'objet, devient incompréhensible. Les apparences prennent la place de la réalité, rendent invisibles les conditions objectives de l'échange et déguisent l'exploitation derrière une fausse liberté de contrat entre capitaliste et ouvrier. Le fétichisme empêche la compréhension d'une réalité dont il est pourtant le reflet :

> « Les analyses marxiennes portant sur les conditions qui assurent la domination de la pensée dominante conservent leur actualité *[dans Le Capital].* »[209]

Pour Marx, la division du travail dans le système capitaliste fait naître le travail abstrait qui permet la séparation de la valeur d'échange et de la valeur d'usage des produits et le travail concret qui produit la valeur d'usage des produits. Les notions de travail abstrait et de travail concret montrent deux points de vue, sur la même activité, qui permettent de comprendre un certain processus d'abstraction effective : la détermination du temps de travail nécessaire et rémunéré pour permettre à la force humaine de devenir marchandise. Le travailleur devient un rouage de la production, un sujet séparé de ses propres produits et la marchandise devient la forme de la valeur. Une telle analyse totalement combinée à celle de l'exploitation permet à Marx de mettre en évidence le moyen par lequel le capitalisme fait passer l'argent du statut de simple chose à celui de procès qui articule le procès de production au procès de circulation. Le capitalisme remet de manière constante l'argent en

[208] *Ibid.*, pp. 125-126.
[209] *Ibid.*, p. 132.

circulation. Cette circulation des produits est une condition indispensable de l'accumulation permanente capitaliste. Les marchandises ne deviennent plus la réponse aux besoins sociaux, elles deviennent des valeurs réelles. La conception du travail par le capitaliste reflète un tel processus. Une telle conception est source de toutes sortes de mystification. Dans *Le Capital*, on peut logiquement affirmer que Marx développe une idée soutenue dans *L'Idéologie allemande*, sur la correspondance entre les idées inversées et le réel inversé lui-même, entre les mystifications idéologiques et la perte d'individualité des hommes.

Pour Marx, ce qui est occulté dans la compréhension de la nature de la forme valeur du produit, du fait d'un processus d'abstraction, c'est le mode de production de cette valeur, c'est-à-dire le mode de production de la marchandise et des rapports qu'il nécessite. Ce fétichisme de la marchandise est sans doute analogue à celui des idées abstraites dans la philosophie allemande ou dans l'idéologie en général. La valeur se fixant dans cette forme ne se rapporte plus aux conditions historiques de sa production. Elle devient autonome par rapport à sa genèse et sort ainsi de tout rapport relationnel et humain. Les idéologues de l'économie politique qui doivent saisir les mécanismes de la production et de l'échange, n'arrivent pas à dépasser les illusions bourgeoises. Étant victimes des apparences, ils ne peuvent briser ce voile d'illusions qui pèse sur les consciences de la classe dominante :

> « La fonction d'une idéologie dominante est d'instruire une pédagogie sociale en utilisant les ressources d'une démagogie mystique. »[210]

Le caractère énigmatique découle, selon Marx, de la forme marchandise qui porte dès l'abord en elle l'abstraction de la valeur d'échange ; l'illusion de l'autonomie d'une telle

[210] Patrick Tort, *op. cit.*, p. 86.

valeur s'attache sur le marché des échanges au rapport fantastique des choses naturelles qui apparaît dans l'échange en esquivant les rapports productifs humains, les rapports interpersonnels, créateurs de valeur. La forme valeur produit l'illusion de son autonomie, sa manifestation obscurcit les conditions de sa genèse.

La forme valeur n'affiche nullement qu'elle est la résultante du travail humain investi ou incorporé dans la marchandise. Au contraire, une telle forme présente la marchandise comme une réalité mystérieuse et sacrée. C'est avec le temps que l'homme parvient à décoder le sens mystérieux de la marchandise, c'est-à-dire à comprendre le mécanisme de production de la valeur d'échange et la fonction des symboles dans la société. On comprend davantage la référence constante au modèle idolâtrique et religieux. Marx, en faisant apparaître la métaphore du hiéroglyphe, s'éloigne de la conception d'une thèse de l'innocence de l'idéologie. Une telle métaphore est importante pour comprendre la production idéologique et l'opacification de la valeur. La référence constante au hiéroglyphe montre l'origine matérielle et l'explication politique de ce qui est censé être sacré.

Le hiéroglyphe, considéré comme le sacré c'est-à-dire comme la valeur, est une illusion. Le travail scientifique de décodage du symbole est certes important mais se révèle inutile pour qui se trouve pris dans les rapports de production et d'échange :

> « La valeur ne porte donc pas écrit sur le front ce qu'elle est. Elle fait bien plutôt de chaque produit du travail un hiéroglyphe. Ce n'est qu'avec le temps que l'homme cherche à déchiffrer le sens du hiéroglyphe, à pénétrer les secrets de l'œuvre sociale à laquelle il contribue, et la

transformation des objets utiles en valeurs est un produit de la société, tout aussi bien que le langage. »[211]

Dans *Le Capital*[212], on constate que Marx n'utilise pas le terme idéologie mais cela ne signifie nullement la disparition de la problématique de l'idéologie. Car, dans un tel texte, Marx poursuit implicitement le projet qui était le sien dans *L'Idéologie allemande*. La problématique est certes réduite dans *Le Capital*, mais elle y est analysée de manière rigoureusement scientifique. Marx met en relief les rapports qui existent entre les formes de représentation et les structures de la société. Les rapports sociaux apparaissent autres qu'ils ne sont réellement. L'échange entre capital et travail ne porte pas “sur son front” sa vraie détermination quantitative en termes de valeur/travail. La conscience échangiste ne saurait détecter en quoi le rapport social est autre chose qu'un simple échange. L'illisibilité entre la partie payée et celle impayée tient à celle de la valeur.

Une des thèses majeures de Marx, c'est de dire que ce que le capitalisme a réellement inventé c'est le travail salarié. En effet, dans les formations sociales antérieures au capitalisme,

---

[211] Karl Marx, *Le Capital, I, op. cit.*, p. 70.

[212] Dans un récent ouvrage, nous avons montré vigoureusement les rapports entre la théorie du fétichisme et la problématique de l'idéologie et nous sommes arrivés à la conclusion selon laquelle, dans *Le Capital*, le fétichisme de la marchandise réélabore et continue la problématique de l'idéologie, mais qu'un tel fétichisme ne saurait être considéré comme une reprise réductrice de la problématique de l'idéologie : « La théorie du fétichisme n'est pas de moindre importance et ne saurait être considérée comme une passive reprise de la théorie de l'idéologie », Ousmane Sarr, *Le problème de l'aliénation. Critique des expériences dépossessives de Marx à Lukács, op. cit.*, pp. 134-136. Nous avons aussi mis en lumière les différents théoriciens/philosophes qui ont tenté chacun à sa façon de dégager les rapports qui existent entre le fétichisme de la marchandise dans *Le Capital* et la problématique de l'idéologie. Pour de plus amples explications, il faut se référer à notre analyse soutenue de ces différents philosophes aux pages 102 et 136 et plus précisément aux notes de bas de pages détaillées (notes 110 et 148) de notre propre ouvrage cité ci-dessus.

la domination était réellement constituée en dehors de la sphère du travail. Par contre dans le système capitaliste, une telle domination est constituée à l'intérieur de la sphère du travail. Le rapport de domination/d'exploitation est engendré par la forme sociale du travail.

En suivant l'argumentation marxienne, on se rend compte que dans le système capitaliste la domination n'est pas manifeste comme ce fut le cas dans les structures sociales qui sont antérieures au capitalisme. Les rapports de domination n'apparaissent pas comme tels dans le capitalisme[213]. Ils apparaissent comme des rapports fondés sur la liberté, l'égalité et l'autonomie. C'est ce qui fait d'ailleurs que le rapport entre le capital et le travail apparaît réellement comme un rapport d'échange entre deux individus totalement libres, autonomes et consentants. Une telle apparence, entre les partenaires de l'échange, est considérée par Marx comme une apparence réelle, comme une vraie apparence réelle, car les choses fonctionnent véritablement ainsi et n'apparaissent

---

[213] Le système capitaliste libéral pose comme principes l'autonomie, la liberté, la performance considérées comme des valeurs hautement humaines et humanisantes. Ceci a pour conséquence de faire accepter au travailleur qui s'est librement engagé, les objectifs fixés par le capitaliste. Cette situation où l'individu se soumet régulièrement à tout au sein de l'entreprise et accepte qu'en dehors même de l'entreprise, de se faire surveiller par le capitaliste, conduit à une précarité de l'identité du travailleur. Tout son temps devient du temps de travail, en dehors du temps de travail de l'entreprise, il travaille. Le temps de travail n'est plus celui qu'on accomplit dans l'entreprise : il est même déplacé dans la vie intime et privée du travailleur, le temps de travail devient flexible et modulable. La barrière entre l'intime et le professionnel n'existe plus. L'existence de l'individu qui ne saurait plus exister en dehors du travail, devient fragile. Le travailleur devient un maillon, parmi tant d'autres, du rouage capitaliste. Michela Marzano, dans un récent ouvrage, Extension *du domaine de la manipulation de l'entreprise à la vie privée*, Paris, Grasset, 2008, montre comment le système libéral, en posant comme principes de son fonctionnement, la liberté, l'autonomie et la performance, renforce son idéologie et étend sa domination jusque dans la vie intime du travailleur.

pas seulement comme cela. Cependant, même si l'apparence s'impose comme l'essence, cela ne veut pas dire que l'on est forcément dans la vérité : l'apparaître n'est qu'une simple illusion ou mystification car l'être lui-même est totalement faux.

Le contrat fait que l'échange apparaît comme un fait dépourvu de toute contrainte, comme un fait libre. Un tel échange matérialisé par le contrat réfute l'aliénation de la force de travail, nie le fait que la force de travail soit une marchandise que le capitaliste achète comme n'importe quelle autre marchandise : la vérité est ainsi mise sous voile. Le capitaliste peut ainsi contraindre cette force de travail à produire de la plus-value, le rapport de production de la plus-value est ainsi masqué, il ne peut pas être aperçu ni compris : il existe un rapport d'exploitation totalement invisible :

> « L'équivalence idéologique salariat-service se nourrit de la non-transparence de l'échange en général. »[214]

La sphère échangiste est frappée par une non-transparence totale, le rapport salarial devient un rapport d'échange, car le rapport d'échange est obscur en lui-même. Le rapport salarial a la forme juridique de l'échange, mais l'inégalité qui le structure n'est nullement apparente, car la valeur-travail réelle est escamotée. L'équivalence salariat-service ou travail se base sur une opacité de l'échange, elle n'est pas une réelle équivalence, elle est une équivalence en droit mais dans les faits, elle est une non-équivalence.

Dans la production marchande, si chaque producteur connaissait le temps de travail nécessaire pour produire un objet, il n'y aurait sans doute pas de fétichisme, la loi de la valeur ne serait pas opaque. Car chaque producteur saurait les conditions dans lesquelles il affronte ses concurrents et dans quelles conditions d'autres producteurs produisent des

---

[214] Jacques Bidet, *Que faire du Capital ? Matériaux pour une refondation*, *op. cit.*, p. 194.

objets qu'ils mettent sur le marché en vue de l'échange. Il y a fétichisme car la fameuse loi de la valeur qui préside aux lois du marché de l'échange est totalement ignorée des producteurs. Dit en d'autres termes, les producteurs dans leurs activités ne prennent pas en considération les temps comparés de production des différents objets qui s'auto-échangent sur le marché. Le système n'étant pas planifié a priori, la loi de la valeur reste obscure. Les producteurs n'entrent en relation que par l'échange, chaque producteur ajuste sa production en fonction des caprices du marché. La variation des prix sur le marché indique aux producteurs l'attitude à adopter, leur attitude ne relève nullement d'une compréhension du système mais des lois aveugles du marché, c'est le marché qui fixe les prix et non le temps de travail :

> « En l'absence du savoir théorique, le rapport d'échange apparaît donc comme un simple fait, c'est-à-dire est imputé à la nature des choses elles-mêmes. »[215]

Les producteurs ne connaissent pas la détermination de la valeur par la structure productive, ils n'appréhendent le procès qu'en tant qu'échangistes. La loi de la valeur qui est le principe du procès de la production n'est pas connue d'emblée par le producteur, seules les exigences du marché indiquent au producteur la voie à suivre. Ainsi, les rapports marchands ne lui apparaissent pas comme des rapports sociaux, mais comme des rapports que les catégories de l'échange fixent, la non-transparence de la loi de la valeur favorise l'exploitation capitaliste :

> « L'idéologie constitue le non-penser du rapport socio-politique. Et par là sa naturalisation, sa légitimation. »[216]

---

[215] *Ibid.*, p. 228.
[216] *Ibid.*, p. 230.

Tout compte fait, on peut affirmer que la société capitaliste est celle de l'exploitation de l'ouvrier par le capitaliste. Une telle société met en relief la volonté constamment manifeste du capitaliste d'accaparer sans partage le travail social que ce soit sous la forme du produit ou sous la forme de l'argent. L'exploitation capitaliste traduit un processus d'aliénation économique, processus au cours duquel le capitaliste utilise les moyens les plus divers pour parvenir à ses desseins (extorsion de la plus-value, division du travail, machinisme, salariat). Le salarié qui dispose de sa force de travail le met à la disposition du capitaliste qui en dispose dans un rapport politico-juridique. En un mot, en achetant la force de travail, le capitaliste dispose déjà de son produit futur ; le travailleur semble libre mais tel n'est pas le cas : le capitaliste achète l'usage de sa force de travail. Le salarié est considéré comme libre, il est libre d'ailleurs de se vendre, il ne se vend pas comme chose. L'échange de la force de travail, le principe de l'échange, contient une réfutation du statut de marchandise de la force de travail.

Marx, dès les *Manuscrits parisiens*, montre que l'aliénation consiste dans le fait que l'activité humaine qui doit prendre plusieurs formes, se limite à une unique et simple forme d'activité. Dans certains textes de la maturité, Marx affirmera que la séparation de la subjectivité avec les conditions objectives de travail, est la condition indéniable de l'existence du salariat moderne. Ainsi, l'aliénation ou l'exploitation du salarié moderne consiste dans le fait que la modernité permet à un tel travailleur de se poser et de se penser comme sujet libre et autonome. Cette possibilité de se poser et de se penser comme sujet autonome permet la production voire la reproduction de notre forme sociale d'existence. En un mot, le capitalisme moderne ne domine pas des sujets qui préexistent à son propre procès, il produit au contraire ses propres sujets et de tels sujets sont aliénés en tant qu'ils sont des sujets.

En suivant très scrupuleusement la logique de l'argumentation marxienne, c'est dans *Le Capital* que l'on aperçoit le lien qui unit le concept de fétichisme de la valeur, de l'argent, de la marchandise, à la notion d'illusion. Le fétichisme de la monnaie et le fétichisme de la marchandise sont totalement liés, la monnaie (fameuse analyse marxienne de l'or) est une marchandise au même titre que les autres marchandises. Toute marchandise est susceptible d'être considérée comme l'équivalent général des marchandises. De la monnaie à la marchandise, on passe par un processus : l'abstraction. On retrouve, en suivant l'analyse de Marx, une idée mise en valeur dans *L'Idéologie allemande,* dans *Le Capital.* Cette longue note du *Capital* peut confirmer que l'on retrouve dans un tel livre, le même processus d'abstraction de l'idée qui existait déjà dans *L'Idéologie allemande* :

> « L'économie politique classique n'a jamais réussi à déduire de son analyse de la marchandise, et spécialement de la valeur et de cette marchandise la forme sous laquelle elle devient valeur d'échange, et c'est là un de ses vices principaux. Ce sont principalement ses meilleurs représentants tels qu'Adam Smith et Ricardo, qui traitent la forme valeur comme quelque chose d'indifférent ou n'ayant aucun rapport intime avec la nature de la marchandise elle-même. Ce n'est pas seulement parce que la valeur comme quantité absorbe leur attention. La raison en est plus profonde. La forme valeur du produit du travail est la forme la plus abstraite et la plus générale du mode de production actuel, qui acquiert par cela même un caractère historique, celui d'un mode particulier de production sociale. Si on commet l'erreur de la prendre pour la forme naturelle, éternelle, de toute production dans toute société, on perd nécessairement de vue le côté spécifique de la forme valeur, puis de la forme marchandise, et à un degré plus développé, de la forme argent, forme capital, etc. C'est ce qui explique pourquoi on trouve chez des économistes complétement d'accord entre eux sur la mesure de la quantité de valeur par

la durée du travail, les idées les plus diverses et les plus contradictoires sur l'argent, c'est-à-dire sur la forme fixe de l'équivalent général. On remarque cela surtout dès qu'il s'agit de questions telles que celle des banques par exemple ; c'est alors à n'en plus finir avec les définitions de la monnaie et les lieux communs constamment débités à ce propos. — Je fais remarquer une fois pour toutes que j'entends par économie politique classique toute économie qui, à partir de William Petty, cherche à pénétrer l'ensemble réel et intime des rapports de production dans la société bourgeoise, par opposition à l'économie vulgaire qui se contente des apparences, rumine sans cesse pour son propre besoin et pour la vulgarisation des plus grossiers phénomènes les matériaux déjà élaborés par ses prédécesseurs, et se borne à ériger pédantesquement en système et à proclamer comme vérités éternelles les illusions dont le bourgeois aime à peupler son monde à lui, le meilleur des mondes possibles. »[217] Ce qui est occulté dans la forme valeur du produit, du fait de l'abstraction, c'est le mode de production de la marchandise et des rapports qu'il nécessite. Le fétichisme de la forme valeur est par conséquent similaire à celui de l'idée abstraite de la philosophie jeune hégélienne. La valeur au lieu d'être rapportée aux conditions de sa production, devient une abstraction, une réalité autonome qui se “moque” de son origine sociale.

Les grands spécialistes de l'économie politique, idéologues par excellence, ont une vision étriquée et ne vont nullement au-delà des fausses illusions universalistes et naturalisantes de la pensée bourgeoise. Il en va de même des philosophes idéalistes de l'Allemagne contemporaine qui n'ont pas pu établir le lien intime entre leur pensée et la base matérielle : l'analogie semble ainsi parfaite sur ce point entre *L'Idéologie allemande* et *Le Capital* :

[217] Karl Marx, *Le Capital, I*, *op. cit.*, p. 588, note 25.

> « Il y a un rapport étroit, organique, dans la pensée de Marx, entre *[...]* l'idéolâtrie (fétichisme de l'idée) et le fétichisme de la marchandise en tant qu'adoration du produit devenu étranger. »[218]

Pour Marx, le caractère fétiche de la marchandise provient de la forme marchandise qui porte en elle-même l'illusion de l'autonomie, de l'indépendance de cette valeur qui, sur le lieu de l'échange, marché, masque les vrais rapports de production, les rapports interhumains qui créent cette même valeur. Ainsi, la forme valeur favorise l'opacité et la non-transparence des réelles conditions de sa production. La forme valeur ne montre nullement qu'elle est le résultat du travail de l'homme, qu'elle est le fruit d'un ensemble de rapports sociaux. Elle fait croire que la marchandise a des caractères éternels et naturels. Elle rend la marchandise énigmatique et mystique. Ce n'est d'ailleurs qu'avec le temps que l'homme cherche à percer le caractère énigmatique et mystique de la forme valeur, c'est-à-dire à comprendre les rapports de production, sans lesquels on ne saurait parler de valeur, et à saisir la fonction symbolique du langage de la vie pratique. Marx fait une excellente analogie entre la valeur et le langage :

> « La valeur ne porte donc pas écrit sur le front ce qu'elle est. Elle fait bien plutôt de chaque produit un hiéroglyphe. Ce n'est qu'avec le temps que l'homme cherche à déchiffrer le sens du hiéroglyphe, à pénétrer les secrets de l'œuvre sociale à laquelle il contribue, et la transformation des objets utiles en valeurs est un produit de la société, tout aussi bien que le langage. »[219]

Le capitaliste ne cherche pas à connaître le fondement de la valeur, le temps de travail. Il ne s'intéresse qu'à la production de la marchandise dont le prix dépasse le coût de

[218] Patrick Tort, *Marx et le problème de l'idéologie*, *op. cit.*, p. 60.
[219] Karl Marx, *Le Capital, I*, *op. cit.*, p. 70.

production. La pratique du capitaliste nécessite alors une science économique qui puisse prendre en compte les facteurs de production. La représentation que cette science fait du système capitaliste ne rend nullement compte des contradictions de la société capitaliste dans sa globalité, ne met pas en évidence l'extorsion de la plus-value par le capitaliste :

> « Pourtant, dans ce cadre précisément, elle acquiert sa légitimité propre : la théorie du mode de production capitaliste rend compte de la nécessité par le capitaliste du discours permettant d'assumer sa fonction de façon cohérente, donc d'un discours doté d'une pertinence stratégique déterminée. »[220]

La transformation de la valeur en prix de production est le fondement de l'idéologie. Pour en saisir l'essence, il faut comprendre les rapports de la production marchande. La loi de la valeur, en plus de désigner la loi de l'échange, est celle de la production propre à la situation du marché. En un mot, les producteurs en concurrence pour la production des biens, se trouvent, car aucun d'entre eux n'a le monopole de la production du bien, dans l'obligation de vendre leurs biens au temps socialement nécessaire sous peine de voir de nouveaux producteurs occuper le marché. Cette concurrence fait que les producteurs ne peuvent obtenir de leurs marchandises qu'un prix correspondant au temps socialement nécessaire et non au temps de production. La concurrence explique la transformation de la valeur en prix :

> « La loi de la valeur est donc telle que, lorsqu'elle exerce dans les conditions capitalistes du capitalisme, la valeur n'est plus la norme immédiate de l'échange. Mais, pour la

[220] Jacques Bidet, *Que faire du Capital ? Matériaux pour une refondation*, *op. cit.*, p. 174.

> médiation de cette transformation, elle demeure le principe régulateur de l'échange et de la production. »[221]

Il faut souligner que la métaphore du hiéroglyphe n'est pas anodine, elle montre d'une certaine manière la pertinence de l'idéologie dans la production marchande et les différentes mystifications qui entourent la forme valeur. Marx, sans le dire de manière explicite, essaie d'analyser l'exploitation politique de la forme valeur. Le hiéroglyphe ou la valeur rend certes le travail de démystification idéologique nécessaire et indispensable mais paradoxalement un tel travail est sans importance : la prise de conscience objective, à partir de l'analyse scientifique du capitalisme, semble difficile. Ce qui revient à dire que malgré la rigoureuse analyse scientifique, on continuera à avoir nécessairement la même impression[222] :

> « La découverte scientifique faite plus tard, que les produits du travail, en tant que valeurs, sont l'expression pure et simple du travail humain dépensé dans leur production, marque une époque dans l'histoire de l'humanité, mais ne dissipe point la fantasmagorie qui fait apparaître le caractère social du travail comme caractère des choses, des produits eux-mêmes. Ce qui n'est vrai que pour cette forme de production particulière, la production marchande, à savoir : que les travaux les plus divers consiste dans leur égalité comme travail humain, et que le travail spécifique revêt une forme objective, la forme valeur des produits du travail, ce fait, pour l'homme engrené dans les rouages et les rapports de la production des marchandises, paraît, après comme avant, la découverte de la nature de la valeur, tout aussi invariable et d'un ordre tout aussi naturel que la forme

[221] *Ibid.*, p. 178.

[222] Marx affirme de manière claire ce qui suit : « C'est ainsi que l'impression lumineuse d'un objet sur le nerf optique ne se présente pas comme une excitation subjective du nerf lui-même, mais comme la forme sensible de quelque chose qui existe en dehors de l'œil », *Ibid.*, p. 69.

> gazeuse de l'air qui est restée la même après comme avant la découverte de ses éléments chimiques. »[223]

Ainsi, déchiffrer ne permet au fond qu'à mettre en place la vérité d'un rapport pour les idéologues ou autres théoriciens et non pour les producteurs qui semblent ne pas pouvoir comprendre l'origine de la forme valeur, car vivant dans l'illusion totale et soumis à elle. Les producteurs qui vivent dans la mystification sont en réalité les agents créateurs/victimes de l'illusion de la forme valeur.

Le Capital tente de remettre en cause le discours mystificateur qui essaie de justifier et de valider la société capitaliste, il veut mettre en place une analyse scientifique des phénomènes sociaux. Ainsi, il constitue à n'en pas douter une critique de l'économie politique que les théoriciens ou idéologues tentent tant bien que mal de légitimer et de valider :

> « Conformément à l'impératif du scepticisme moral, *Le Capital* ne procède pas à une dénonciation morale du capitalisme, mais se contente de la critique de ces prétentions infondées à justifier, qui contaminent plus ou moins consciemment les doctrines économiques. Le second objectif est poursuivi par l'élaboration de la théorie de la possibilité réelle contre le capitalisme. »[224]

Marx, *dans Le Capital,* passe d'une simple critique de l'idéologie à l'élaboration de la théorie de l'idéologie. La théorie de l'idéologie repose sur le fétichisme et sur l'inversion de tous les phénomènes sociaux. Les formes phénoménales masquent la réalité au lieu de la dévoiler. Elles ne sont que de pures apparences. Marx, en introduisant la catégorie de force de travail, montre la grande différence entre la valeur payée de la marchandise en tant que force de travail et le travail créateur de valeur.

---

[223] *Ibid.*, pp. 70-71.
[224] Emmanuel Renault, *Marx et l'idée de critique*, *op. cit.*, p. 89.

Les classiques qui considéraient le travail comme une marchandise ne pouvaient permettre de comprendre les lois du capital. Marx montre par opposition à eux que le travail crée une plus grande valeur que la force de travail. Le capital crée une réalité nouvelle et assez originale, la plus-value. Pour comprendre la nature du mouvement du capital, il faut comprendre la plus-value qui unit le travail et le capital. Cependant, avec le développement fulgurant du capitalisme, la relation entre travail et capital est masquée : la plus-value n'apparaît plus comme le lien entre le capital et le travail. L'origine de la plus-value est masquée. La plus-value apparaît sous la forme du profit, elle est rapportée à l'ensemble des coûts de production et non au travail :

> « Marx décrit cette disjonction des formes phénoménales et essentielles par les concepts d'inversion et d'aliénation. Le phénomène est étranger à l'essence et en constitue plutôt l'inversion : alors que le travail rend raison de la plus-value qui fournit l'explication de la formule du capital, le capital apparaît ici comme l'origine de la plus-value. »[225]

Le livre 3 du Capital, en étudiant les différentes formes de l'inversion effective, met en même temps en place une véritable théorie de l'idéologie, il élabore une véritable théorie de l'idéologie :

> « L'inversion réelle conduit en effet à l'illusion, et cette illusion produit les effets de légitimation de l'organisation sociale capitaliste. La perception du profit comme le salaire du capital vient en effet justifier la forme de production capitaliste, en masquant le rapport du profit et du travail de l'ouvrier, et en contredisant l'affirmation socialiste suivant laquelle il consiste en un travail non payé. Il y a effet idéologique au sens où les processus économiques produisent une illusion légitimante. »[226]

---

[225] *Ibid.*, p. 96.
[226] *Ibid.*, p. 97.

La théorie de l'idéologie exposée au *livre 3 du Capital*, améliore ou enrichit la théorie exposée au *livre I du Capital* dans le Paragraphe IV intitulé « Le caractère fétiche de la marchandise et son secret. »

Pour Marx, la non-transparence du mode de production capitaliste et le fait que les différents agents de la production considèrent les phénomènes apparents comme la vérité authentique, produisent une illusion totale de la nature de la valeur et de toutes les marchandises.

En effet, dans l'échange marchand, la valeur d'un produit apparaît comme une qualité purement matérielle du produit, comme une relation entre produits différents et divers. Le rapport social qui est à l'origine de la valeur est dissimulé à la conscience. Marx, dans son analyse, s'évertue à montrer que la valeur est socialement déterminée par les rapports de domination et de classe. La valeur est une dépense d'une force de travail déterminée par des rapports sociaux existants (des rapports de domination). Une telle dépense de la force de travail dépend de l'administration et de la pression exercés par le propriétaire des moyens de production : le capitaliste. Le fétichisme masque ainsi la dimension politique de l'économie en dissimulant les rapports de classe auxquels renvoie la valeur. L'illusion fétichiste permet de dissimuler également le caractère historique de l'ordre social, le caractère non naturel et éternel de l'ordre social. En un mot, le fétichisme dissimule le fait que le processus historique n'est nullement figé et définitif. Il masque le fait que le rapport social de production capitaliste est soumis au changement et à la caducité.

Marx établit une théorie de l'idéologie, il met en évidence le lien qui existe entre les structures sociales et leurs formes de représentation. Ainsi, c'est au *livre 3 du Capita*l que la problématique de l'idéologie est théorisée par opposition aux *livres 1 et 2*[227] où la théorie de l'idéologie apparaissait de manière accidentelle sous la forme d'une non correspondance entre les représentations que les agents de la production se font et les structures sociales :

> « Au *livre 3* au contraire, l'idéologie semble avoir sa place propre, au sens où elle trouve le lieu de sa théorisation : non seulement de sa description ou de sa critique, mais de la théorie qui rend compte de ses formes. »[228]

La théorie de l'idéologie est développée à partir du fétichisme et à partir de l'inversion réelle. Elle met en relief l'opacité de la réalité économique en montrant tout ce qui entrave l'accès à une connaissance scientifique de la réalité, en décelant les illusions de l'économie. Marx, en élaborant la théorie de l'inversion réelle, montre non seulement la fausseté de la phénoménalité mais aussi le caractère non scientifique de l'économie vulgaire. Il remet en cause tout discours qui ne va pas au-delà de l'apparence phénoménale pour saisir l'essence objective des choses. L'illusion fétichiste permet à Marx de critiquer l'économie classique, de remettre en cause le courant scientifique de l'économie politique qui rapporte les formes de la valeur au travail. Une telle économie est victime de l'illusion qui assimile la valeur à des objets ou à des rapports inter-objets : elle identifie ainsi le phénomène à l'essence.

---

[227] Cependant, il faut souligner qu'il y a dans la pensée de Marx une certaine unité. En effet, c'est à partir de la théorie de l'idéologie (fétichisme, inversion de la réalité) dans les trois premiers livres du *Capital* que va être développée ou entreprise au livre 4 l'étude de la pensée économique : « *Le Capital* est donc constitué par un même mouvement d'exposition de la vérité de l'objet et de la théorisation de l'idéologie, qui conduit immédiatement à une critique de l'économie politique », Emmanuel Renault, *Marx et l'idée de critique, op. cit.*, p. 99.

[228] *Ibid.*, p. 172. Pour Bidet d'ailleurs, il s'agit de faire une lecture à rebours, il faudrait plutôt commencer par lire *Le Capital, livre 3*, pour saisir la théorisation de l'idéologie et remonter par la suite au premier chapitre du *Capital, livre 1.*

Cependant, il faut souligner que l'idéologie ou la théorie de l'idéologie ne se réduit pas uniquement aux effets sur la conscience de l'objectivité économique, la conscience appartient à la réalité fondamentale : la réalité économique. Mais le domaine économique ne contient pas seulement une réalité objective, une réalité subjective en fait partie : les hommes qui agissent en fonction des représentations mises en place. Marx parle d'idéologie en se référant également à de telles représentations :

> « La théorie de l'idéologie est la théorie de la subjectivité économique, des représentations et des catégories des agents économiques. »[229]

Marx, dans le fétichisme, montre que la représentation de la valeur dans la conscience des hommes est l'apport nécessaire des fondements effectifs ou objectifs de l'échange. L'analyse du fétichisme vient après que Marx ait étudié les rapports objectifs qui existent entre argent et marchandise et vient avant l'étude de la relation d'échange : ceci n'est nullement fortuit car « le passage de la critique de l'idéologie à sa théorisation constitue bien une correction »[230], à en croire Renault. Ce qui signifie nettement que l'idéologie ne peut plus être pensée comme l'émancipation des idées de leur base matérielle, sa réalité est dorénavant étudiée, elle fait partie du réel :

> « Le projet d'une critique de l'économie politique trouvait l'une de ses motivations dans la critique de l'idéologie. »[231]

En effet, l'étude des économistes montre à Marx la non-transparence de la réalité économique et le pousse à mettre en place une méthodologie qui puisse lui permettre de percer le voile qui entoure les réalités économiques. *Le Capital*, par l'élaboration de la théorie de l'idéologie qu'il met en place,

[229] Emmanuel Renault, *Marx et l'idée de critique, op. cit.*, p. 100.
[230] *Ibidem.*
[231] *Ibid.*, p. 101.

est en même temps cette théorie de la non-transparence qui lui permet de mettre en place les conditions réelles et objectives qui garantissent sa propre scientificité et de remettre en cause, par le même mouvement, les illusions : *Le Capital* est en même temps une autocritique de Marx.

En remettant en cause les théories de l'économie politique, Marx s'engage dans l'édification des conditions de validité de son propre discours. Dit en d'autres termes, *Le Capital* contenant une théorie de la non-transparence du réel, c'est-à-dire une théorie de l'idéologie, est en même temps cette théorie de la non-transparence, une telle théorie permet au *Capital*[232] de réfléchir sur les conditions qui garantissent

[232] Selon l'interprétation lukacsienne (*Histoire et conscience de classe*, Paris, Éditions de minuit, 1960, dans l'article intitulé « Qu'est-ce que le marxisme orthodoxe ? »), ce qui fait la grandeur du *Capital*, c'est sa forme dialectique. En effet, pour Lukács, connaître le réel, c'est connaître ses propres contradictions ; c'est d'ailleurs ce qui explique pourquoi la *Postface* fait du *Capital* la mise en œuvre de la dialectique révolutionnaire. La connaissance du réel en énonçant le réel, énonce en même temps sa destruction future. Les économistes ne connaissant pas la rationalité des contradictions, ont une vision étriquée et mutilée de l'économie. L'interprétation lukacsienne fait de la dialectique l'unique moyen d'une critique scientifique de la réalité économique. Cependant, une telle interprétation oublie que la dialectique n'est qu'ébauchée par Marx et reste à l'état de simple projet « Si jamais j'ai un jour de nouveau du temps pour ce genre de travail, j'aurais grande envie, en deux ou trois placards d'imprimerie, de rendre accessible aux hommes de bon sens, le fond rationnel de la méthode que Hegel a découverte *[la dialectique]*, mais en même temps mystifiée », Karl Marx, « Lettre à Engels, 14 Janvier 1858 », in Karl Marx et Friedrich Engels, *Lettres sur Le Capital*, Paris, Éditions Sociales, 1964, p. 83. Une autre interprétation fait du projet marxien une simple résurgence du modèle de la critique de l'idéologie élaborée en 1843. La critique de l'économie politique ne serait qu'une critique de l'idéologie économique, *Le Capital* serait une critique de l'idéologie (Della Volpe, *Critique de l'idéologie contemporaine*, PUF, 1976, « La clef de la dialectique historique », p. 27-56). Marx atteste dans *Le Capital* que l'économie politique est idéologique, car elle veut éterniser les catégories économiques en oubliant leur caractère historique. Cette interprétation montre évidemment que l'intention critique de Marx

la scientificité de son discours et de rompre avec toutes les opacités qui peuvent affecter la conscience. C'est d'ailleurs ce qui justifie la démarche génétique et la valide. Une telle démarche tente à partir des principes abstraits de reconstruire les apparences phénoménales afin de ne pas tomber dans les illusions que constituent le fétichisme et l'inversion effective de la réalité : la démarche génétique « détermine en effet l'intelligibilité du propos de Marx en fixant le sens de son propre rapport aux classiques, et elle justifie par lui-même l'appareil catégorial du *Capital.* »[233]

Marx oppose sa démarche génétique (synthétique) à la démarche analytique des classiques. Les classiques veulent saisir l'essence des choses et déjouer les illusions en réduisant tout par décomposition, en réduisant analytiquement les formes phénoménales assez complexes à des formes simples : Smith et Ricardo ne font plus du capital et de la terre des sources de valeur, mais affirment que le travail est l'unique source de toutes les valeurs. Cependant, une telle démarche analytique ne saurait mettre fin ou déjouer les illusions, car avec une telle méthode on obtient que des principes dont le sens est déterminé par les prémisses phénoménales. Une telle méthode ne reconstruit pas le phénomène à partir de l'essence et reste empêtrée dans la contradiction entre phénomène et essence des réalités économiques :

> « La théorie de l'idéologie ne vient donc pas seulement opérer la théorisation du pôle subjectif de l'économie, elle produit aussi l'autojustification de la méthode génétique et des concepts de la théorie, en lui permettant de se réfléchir

---

relève d'une certaine réflexion sur les conditions historiques de la validité du discours, elle ne dissocie nullement le moment de la connaissance de celui de la critique. Cependant, cette interprétation ne saurait être satisfaisante, car elle oublie que l'on n'a pas dans *Le Capital* une vision réductrice de l'idéologie. *Le Capital* met en place une théorie de l'idéologie.

[233] *Ibid.*, p. 105.

comme une démarche adéquate à la suppression des obstacles qu'elle détermine. Elle indique l'aspect par lequel le criticisme est constitutif du discours du *Capital,* celui par lequel le mouvement de la connaissance est redoublé de l'examen de sa propre validité. »[234]

Marx recherchera, par opposition à Ricardo et aux autres classiques, en-deçà du phénoménal la quintessence de la valeur : il faut analyser la marchandise pour découvrir le double caractère du travail et la conception de la valeur comme quantité socialement nécessaire de travail. Ricardo garde lui une conception de la valeur liée à l'échange. Pour lui, c'est la mesure de la valeur qui commande l'échange. Le texte rébarbatif du *Capital* partira de la marchandise, pour reconstruire de manière génétique les formes de la valeur d'échange auxquelles Ricardo s'était tenues, afin de parvenir aux différentes formes de l'inversion dans lesquelles les vulgaires s'empêtrent inévitablement. Marx reconstruit grâce à sa propre méthode la phénoménalité afin de montrer les diverses et nombreuses illusions. Pour comprendre la réalité du mode de production capitaliste, il ne faut pas se limiter à la phénoménalité des choses, il faut au contraire aller au fond des choses pour découvrir les différentes mystifications :

> « La validité de sa propre démarche est donc réfléchie par Marx dans les termes de sa théorie de l'idéologie. » [235]

En effet, même l'appareil conceptuel que Marx utilise dans *Le Capital* semble être celui des classiques, ce qui fait que l'authenticité de la pensée de Marx tend à ne pas être mise en valeur. C'est pourquoi Marx ne dissocie pas, dans son texte, l'analyse (exposition) des concepts de leur critique. Les concepts que Marx utilise entretiennent une relation critique avec les concepts classiques. Il réélabore de manière critique les concepts classiques (valeur d'usage,

---

[234] *Ibidem.*
[235] *Ibid.*, p. 103.

valeur d'échange) mais dans un sens qui lui est propre (plus-value remplace profit, valeur de la force de travail remplace valeur du travail, capital constant/variable remplace capital fixe/circulant) :

> « La théorie de l'idéologie permet de réfléchir et de justifier les catégories marxiennes en fournissant la théorie de leurs rapports aux catégories de l'économie classique. »[236]

Pour certains commentateurs de Marx, dont Althusser est le prototype, la théorie de l'idéologie que Marx met en évidence dans *Le Capital* n'est là que pour critiquer les autres théoriciens de l'économie politique, Marx n'y conforme pas son propre discours. Il passe à la véritable science. Le moment critique de Marx est extérieur au discours de Marx, il ne s'applique qu'aux autres penseurs de l'économie politique qui lui sont antérieurs. Cependant, il faut souligner que certes, dans *Le Capital*, Marx prétend à une certaine scientificité, mais cela ne veut nullement dire que la science sort hors de l'idéologie. Marx pense, dans *Le Capital*, une « certaine crise » théorique dont le concept d'idéologie permet de désigner ; il y a une certaine illusion dans la théorie. *Le Capital* ne veut que produire une certaine rationalité au sein de la crise qui nie toute rationalité.

Dans la *Postface*, Marx montre, en ne référant plus la scientificité à une certaine rationalité mais à la lutte des classes, que la science n'est plus pensée comme le contraire de l'idéologie. L'histoire des sciences apparaît comme non scientifique et trouve son principe dans l'irrationalité de la lutte des classes :

> « En effet, tant qu'elle est bourgeoise, c'est-à-dire qu'elle voit dans l'ordre capitaliste non une phase transitoire du progrès historique, mais bien la forme absolue et définitive de la production sociale, l'économie politique ne peut rester une science qu'à condition que la lutte des classes demeure

[236] *Ibid.*, p. 104.

latente ou ne se manifeste que par des phénomènes isolés. »[237]

La scientificité est référée, du fait de son rapport à l'idéologie, à l'histoire sociale, à la lutte des classes. Cependant, il faut souligner qu'il y a chez Marx une autre conception ou exposition de l'histoire de la science qui met l'accent sur une évolution indépendante de la science. C'est d'ailleurs ce qui fait qu'on a souvent tendance à affirmer que Marx oscille entre deux conceptions, apparemment différentes, de la science : une « conception internaliste » et une « conception externaliste » qui semblent totalement s'exclure. La conception internaliste est celle adoptée dans *Les Théories sur la plus-value*[238] (conception téléologique) : *Le Capital* serait alors la fin du devenir de l'économie politique classique. La conception externaliste ou relativiste explique le devenir par le développement du capitalisme et par la lutte des classes.

À notre avis, Marx ne semble pas affirmer que les deux conceptions de la science s'excluent radicalement, il veut plutôt les harmoniser. En effet, référer la science à l'histoire sociale c'est mettre en évidence son lien avec l'idéologie, c'est mettre en relief ce qui distingue le discours scientifique des autres types de discours.

Pour comprendre la conception internaliste, il faut se rapporter aux *Théories sur la plus-value* qui traitent de l'histoire de la pensée économique. Marx n'y conçoit pas la science en dehors de son devenir. *Les Théories sur la plus-*

[237] Karl Marx « Extraits de la Postface de la seconde édition allemande », in Karl Marx, *Le Capital, I*, *op. cit.*, p. 579.
[238] Il est important de souligner que dans *Le Capital*, il existe deux parties (les livres I, II, III) nommées *Capital* qui exposent une connaissance scientifique du réel. Les livres sur la plus-value (*Théories sur la plus-value*) qui constituent le livre IV étudient l'histoire de la pensée économique. L'analyse de ces deux parties met en place un criticisme nouveau différent des criticismes antérieurs.

value intègrent les divers systèmes dans la dynamique du développement économique : le devenir de la science est considéré comme la dissipation des illusions. Ainsi, la pensée des classiques est scientifique car elle s'efforce de dissiper les illusions. Cela veut tout simplement dire que la dissipation des illusions n'est pas immédiate mais progressive. La science requiert un travail de longue haleine, car elle s'empêtre dans l'idéologie pendant un bon moment. La science se caractérise aussi par le fait de trouver la solution des difficultés qui se présentent. Chaque théorie s'appuie sur celle qui la précède pour trouver une solution que celle-ci fait naître.

Pour Marx, ces méthodes d'analyse permettent de faire la différence entre le discours scientifique et le discours non scientifique. Marx peut alors justifier la scientificité du *Capital* en le référant à l'histoire de la pensée économique. *Le Capital* est scientifique car il s'inscrit dans la trame historique de la science économique aussi bien du point de la dissipation des erreurs que du point de la résolution des illusions :

> « Si Marx réfère son œuvre à celle des classiques, c'est donc bien dans le cadre d'une stratégie dont l'objectif est de s'attribuer comme héritage une vérité reconnue par une tradition. »[239]

Cependant, il faut souligner que le préjugé scientifiste pour lequel le fait de se conformer à une méthodologie scientifique est un critère suffisant pour attester d'une quelconque vérité, ne satisfait pas Marx. En effet, le fait que le concept de science et le concept d'histoire ne s'excluent pas mais cohabitent montre que le premier concept n'est pas le contraire du second concept. Marx, en revendiquant le caractère scientifique du *Capital,* ne dit pas pour autant que *Le Capital* est entièrement libéré de l'illusion. Le vrai est

[239] Emmanuel Renault, Marx *et l'idée de critique*, *op. cit.*, p. 111.

renvoyé à un certain discours où l'illusion et la vérité coexistent. Cette conception internaliste développée par Marx ne confère pas à la science un statut d'autonomie. Marx essaie au contraire d'allier la conception internaliste à celle externaliste qui rapporte le devenir de la science au mouvement de l'histoire :

> « Le concept d'idéologie indique le conditionnement de la pensée par le mouvement de l'histoire réelle, c'est donc lui qui doit articuler le devenir de la science et le devenir historique. »[240]

Le concept d'idéologie, dans la *Postface,* est utilisé en deux sens sensiblement différents. Dans un sens comme dans l'autre, il s'agit de renvoyer nécessairement le conditionnement de la pensée à la matérialité économique. Dans *Le Capital*, ce conditionnement est entendu comme celui des mécanismes économiques ; dans *L'Idéologie allemande,* ce conditionnement est entendu comme celui des intérêts de classe. Ainsi, le concept d'idéologie utilisé, dans les deux sens, permet de constituer ce qui est au fondement de l'analyse externaliste de l'histoire de la pensée économique. Les économistes sont considérés soit comme des classiques et vulgaires soit comme des apologétiques.

Les catégories des économistes classiques et vulgaires montrent les effets du fétichisme et de l'inversion du réel sur le discours économique. Elles permettent de rigoureusement circonscrire le champ de la science. Pour Marx, l'économie scientifique commence avec les classiques qui essaient de rompre avec les illusions de l'inversion réelle qui caractérise la conception des économistes vulgaires. Cependant, à en croire Marx, ces économistes classiques sont empêtrés dans le discours fétichiste en cherchant dans le travail et non dans l'échange, le principe de la valeur ; ils n'y parviennent pas

---

240 *Ibid.*, p. 112.

car ils confondent totalement la valeur et la valeur d'échange :

> « Prenons l'exemple de l'Angleterre. La période où cette lutte n'y est pas encore développée, y est aussi la période classique de l'économie politique. Son dernier grand représentant, Ricardo, est le premier économiste qui fasse délibérément de l'antagonisme des intérêts de classe, de l'opposition entre salaire et profit, profit et rente, le point de départ de ses recherches. Cet antagonisme, en effet inséparable de l'existence même des classes dont la société bourgeoise se compose, il le formule naïvement comme la loi naturelle, immuable de la société humaine. C'était atteindre la limite que la science bourgeoise ne franchira pas. »[241]

L'économie apologétique renvoie, dans l'analyse marxienne, le conditionnement de la pensée aux intérêts matériels. La lutte des classes se déroule au niveau de la conscience en soumettant la pensée à une limite et en la conditionnant par la nécessité de la justification de l'intérêt matériel qu'elle exprime : la conscience ne peut dépasser un certain horizon, l'horizon de ses intérêts matériels.

L'économie apologétique succède à l'économie classique et se considère comme une réaction contre cette dernière. L'économie apologétique est le moment où l'intérêt matériel soumet la théorie à sa propre légitimation en niant la science. La catégorie apologétique impose une certaine contrainte à l'économie en général :

> « En France et en Angleterre la bourgeoisie s'empare du pouvoir politique. Dès lors, dans la théorie comme dans la pratique, la lutte des classes revêt des formes de plus en plus accusées, de plus en plus menaçantes. Elle sonne le glas de l'économie bourgeoise scientifique. Désormais il ne s'agit plus de savoir, si tel ou tel théorème est vrai, mais s'il est

[241] Karl Marx « Extraits de la Postface de la seconde édition allemande », in Karl Marx, *Le Capital, I*, *op. cit.*, pp. 579-580.

> bien ou mal sonnant, agréable ou non à la police, utile ou nuisible au capital. La recherche désintéressée fait place au pugilat payé, l'investigation consciencieuse à la mauvaise conscience, aux misérables subterfuges de l'apologétique. »[242]

Marx, de ses premières analyses philosophiques de la notion d'idéologie, aux géniales analyses de l'économie politique, montre la correspondance effective qui existe entre les idées inversées et le réel inversé lui-même, entre les mystifications idéologiques et la perte d'individualité des hommes. La notion d'idéologie réélaborée permet à Marx de pouvoir penser, dans *Le Capital*, les différentes formes et les représentations génératrices d'illusion et d'entreprendre logiquement l'analyse des nombreuses illusions qui en émanent. La théorie de l'idéologie développée dans *Le Capital*, montre d'une part, l'obscurité de la réalité économique et d'autre part, la phénoménalité qui prend la place de l'essence et qui empêche aux économistes classiques, aux économistes vulgaires et apologétiques, d'accéder à la réalité.

[242] *Ibid.*, p. 580.

CONCLUSION

Au terme de notre réflexion, il est légitime de nous poser la question suivante : en suivant l'argumentation marxienne, comment l'idéologie dominante peut-elle cesser d'être considérée comme un reflet sans effet concret sur l'organisation sociale pour être considérée comme une mystification savamment orchestrée ? Marx, dans sa fameuse tentative de lier l'apparition d'une idéologie révolutionnaire à l'existence d'une classe révolutionnaire, apporte une réponse satisfaisante à cette légitime question. Pour Marx, la crise du système capitaliste qui advient dès que se manifeste la contradiction entre le mode de production et le développement des forces productives ne peut que favoriser la prise de conscience du caractère mystificateur de la représentation que la classe dominante donnait de sa propre domination en masquant ses intérêts de classe sous l'image inversée de l'intérêt collectif. L'instabilité, d'une certaine situation de domination, favorisant l'émergence d'une conscience authentique des rapports sociaux, il devient alors nécessaire pour l'idéologie dominante de renforcer la mystification qui est produite délibérément. Ce qui signifie que la bourgeoisie, à en croire Marx, n'engage une véritable lutte idéologique que lorsque sa domination est menacée.

Notons que dans *L'Idéologie allemande*, Marx affirme que le prolétariat s'est totalement débarrassé des fausses représentations religieuses susceptibles de le mystifier et de rendre difficile sa prise de conscience. Dans *Le Capital*, ces propos marxiens :

« En général, le reflet religieux du monde réel ne pourra disparaître que lorsque les conditions du travail et de la vie pratique présenteront à l'homme des rapports transparents et rationnels avec ses semblables et avec la nature. La vie sociale, dont la production matérielle et les rapports qu'elle implique forment la base, ne sera dégagée du nuage mystique qui en voile l'aspect, que le jour où s'y manifestera l'œuvre d'hommes librement associés, agissant consciemment et maîtres de leur propre mouvement social »[243], semblent contredire une telle affirmation. L'avènement du communisme est la seule condition qui puisse faire disparaître la religion.

Notre volonté affichée, dès le départ, de prouver que la théorie marxienne de l'idéologie est assez hétérogène, semble être atteinte. La théorie marxienne de l'idéologie renferme une véritable contradiction qui, à notre avis, n'a nullement été dépassée par Marx.

Marx n'explique pas de façon assez systématique et rigoureuse le rôle prépondérant de la lutte idéologique contre les mystifications de la classe dominante. Dans *L'Idéologie allemande*, on trouve l'idée d'une certaine dissension entre les « idéologues actifs » et les « idéologues passifs » de la classe dominante. Une telle dissension est rapidement résolue en cas de véritable crise, elle devient secondaire si les intérêts de la bourgeoisie sont menacés. On ne trouve donc pas l'idée d'un théoricien qui, connaissant la nature des rapports sociaux et éduqué dans la classe dominante, rompt les amarres avec sa propre classe au nom de la vérité scientifique. Le fait que Marx et Engels ne mettent pas l'accent sur leur statut d'idéologues en lutte contre leur propre classe peut s'expliquer par le fait qu'ils se trouvaient dans l'impossibilité de produire une théorie systématique et rigoureuse de l'idéologie dominante elle-même, de parvenir à une théorie cohérente de ce contre quoi ils luttaient : dans

[243] Karl Marx, *Le Capital, I*, *op. cit.*, pp. 74-75.

le texte de *L'Idéologie allemande*, et entre *L'Idéologie allemande* et *Le Capital*, Marx affirme radicalement que l'idéologie est d'une part, un reflet sans effet sur l'organisation sociale et d'autre part, qu'elle joue un rôle social non négligeable dans la légitimation et la domination de la classe dominante. Il met en lumière l'auto-illusion des idéologues et leur tendance à renforcer l'illusion de manière consciente et calculée, il limite l'influence idéologique à la seule classe dominante et l'étend en même temps à toute la société.

Cette contradiction semble s'expliquer par l'état de la lutte des classes. La lutte idéologique de Marx et d'Engels, limitée sur le terrain purement philosophique (*L'Idéologie allemande*), trouve sa justification dans ces propos de Friedrich Engels :

> « Nous savons très bien que le mouvement communiste ne peut être dévoyé par quelques phraseurs allemands. Mais il est néanmoins nécessaire de lutter contre toute cette phraséologie dans un pays comme l'Allemagne où les phrases philosophiques ont eu depuis des siècles un certain pouvoir et où le fait qu'il n'existe pas, comme dans d'autres nations, d'antagonisme de classes bien tranché enlève malgré tout à la conscience communiste une partie de son mordant et de son allant ; ces phrases creuses seraient capables d'affaiblir et de brouiller encore davantage la conscience de la contradiction totale qui existe entre le communisme et l'ordre existant. »[244]

Engels, dans ces propos ci-dessus qui illustrent la théorie marxiste de l'idéologie, justifie leur propre lutte idéologique. Il note que le discours idéologique a deux versants : un versant totalement ésotérique et un versant entièrement exotérique :

[244] *L'Idéologie allemande, op. cit.*, t. II, *Critique du socialisme allemand dans la personne de ses différents prophètes*, I : « "Les Annales rhénanes" ou la philosophie du socialisme vrai », p. 517.

> « Le socialisme vrai, qui prétend être fondé sur la “science”, est avant tout lui-même à son tour une science ésotérique ; ses textes théoriques sont réservés à ceux qui sont initiés aux mystères de l’“esprit pensant”. Mais il a également des textes exotériques, il faut bien qu’il fasse une sorte de propagande, ne serait-ce que parce qu’il s’occupe des rapports sociaux, exotériques. »[245]

Ainsi c’est Engels, continuant le travail de Marx, qui met davantage en lumière le rôle et la fonction de régularisation de l’ordre productif de l’idéologie dominante. L’évolution de la position de Marx dans *L’Idéologie allemande*, les géniales idées d’Engels et les positions affichées du *Capital*, permettent de sortir de la contradiction qui est caractérisée par le passage d’une théorie de la domination de la structure sur la superstructure (théorie du reflet sans effet externe de l’idéologie) à une théorie du pouvoir effectif et réel de l’idéologie sur l’organisation sociale et sur la reproduction des rapports sociaux de production (effet externe de l’idéologie sur l’organisation sociale). Ce passage d’une théorie à l’autre ne s’effectue réellement chez Marx que lorsqu’il analyse la situation de crise qui secoue le système capitaliste (contradiction qui oppose le système aux forces productives lorsque celles-ci ont atteint un niveau de développement fulgurant). Cette situation de crise de la rationalité du système capitaliste est celle du monde contemporain et c’est dans un tel cadre que la lutte idéologique moderne doit s’inscrire.

[245] *L’Idéologie allemande, op. cit.*, t. II, Critique *du socialisme allemand dans la personne de ses différents prophètes*, I : « Le socialisme vrai », pp. 500-501.

BIBLIOGRAPHIE

Ouvrages et articles de Marx et d'Engels

MARX K et ENGELS F., *L'Idéologie allemande*, Paris, Éditions Sociales, 1968.

-, *La sainte famille*, Paris, Éditions Sociales, 1972.

-, *Manifeste du parti communiste*, Paris, Flammarion, 1998.

-, *Lettres sur le Capital*, Paris, Éditions Sociales, 1964.

-, *Critique du programme de Gotha et d'Erfurt*, Paris, Éditions Sociales, 1972.

-, *Etudes philosophiques*, Paris, Éditions Sociales, 1961.

-, *Sur la religion*, Paris, Éditions Sociales, 1972.

ENGELS F., *Anti-Dühring*, Paris, Éditions Sociales, 1973.

-, *Ludwig Feuerbach et la fin de la philosophie classique allemande*, Paris, Éditions Sociales, 1966.

-, *La guerre des paysans en Allemagne*, Paris, Éditions Sociales, 1974.

-, *L'origine de la famille de la propriété privée et de l'État*, Paris, Éditions Sociales, 1975.

-, *La situation de la classe laborieuse en Angleterre*, Paris, Éditions Sociales, 1973.

-, *La question du logement*, Paris, Éditions Sociales, 1969.

-, *Socialisme utopique et socialisme scientifique*, Paris, Éditions Aden, 2005.

-, « Le rôle du travail dans la transformation du singe en homme », in Karl MARX et Friedrich ENGELS, *Œuvres complètes*, Moscou, Éditions du Progrès, 1978.

-, « Bruno Bauer et le christianisme primitif », in Karl MARX et Friedrich ENGELS, *Sur la religion*, Paris, Éditions Sociales, 1972.

-, « Thèses sur Feuerbach », in Karl MARX et Friedrich ENGELS, *Etudes philosophiques*, Paris, Éditions Sociales, 1961.

-, « *Ludwig Feuerbach et la fin de la philosophique classique allemande* », in Karl MARX et Friedrich ENGELS, *Etudes philosophiques*, Paris, Éditions Sociales, 1961.

-, « La contribution à la critique de l'économie politique de Karl Marx », in Karl MARX et Friedrich ENGELS, *Etudes philosophiques*, Paris, Éditions Sociales, 1961.

-, « *La guerre des paysans en Allemagne* », in Karl MARX et Friedrich ENGELS, *Sur la religion*, Paris, Éditions Sociales, 1972.

-, « Introduction à la Dialectique de la nature », in Karl MARX et Friedrich ENGELS, *Sur la religion*, Paris, Éditions Sociales, 1972.

-, « Engels à Conrad Schmidt 5aout 1890 », in Karl MARX et Friedrich ENGELS, *Etudes philosophiques*, Paris, Éditions Sociales, 1961.

-, « Engels à Joseph Bloch, Londres 21 Septembre 1890 », in Karl MARX et Friedrich ENGELS, *Etudes philosophiques*, Paris, Éditions Sociales, 1961.

-, « Engels à Conrad Schmidt 27Octobre1890 », in Karl MARX et Friedrich ENGELS, *Etudes philosophiques*, Paris, Éditions Sociales, 1961.

-, « Engels à Heinz Starkenburg Londres, 25 Janvier 1894 », in Karl MARX et Friedrich ENGELS, *Etudes philosophiques*, Paris, Éditions Sociales, 1961.

-, « Engels à Franz Mehring 14 Juillet 1893 », in Karl MARX et Friedrich ENGELS, *Etudes philosophiques*, Paris, Éditions Sociales, 1961.

MARX K, *Le Capital I*, Paris, Éditions Flammarion, 1969.

-, *Le Capital II*, Paris, Éditions Sociales, 1977.

-, *Le Capital III*, Paris, Éditions Sociales, 1976.

-, *Les crises du capitalisme*, Paris, Éditions Demopolis, 2009.

-, *Contribution à la critique de l'économie politique*, Paris, Éditions Sociales, 1957.

-, « Extraits de la Postface de la seconde édition allemande », in Karl MARX, *Le Capital I*, Paris, Flammarion, 1969.

-, *Critique du droit politique hégélien*, Paris, Éditions Sociales, 1975.

-, « Contribution à la critique de la philosophie du droit de Hegel. Introduction » in Karl MARX, *Critique du droit politique hégélien*, Paris, Éditions Sociales, 1975.

-, « Critique de la philosophie du droit de Hegel. Introduction », in Karl MARX et Friedrich ENGELS, *Sur la religion*, Paris, Éditions Sociales, 1972.

-, *Différence de la philosophie de la nature chez Démocrite et Epicure*, Bordeaux, Éditions Ducros, 1970.

-, *La guerre civile en France 1871*, Paris, Éditions Sociales, 1968.

-, *Grundrisse : Chapitre de l'argent*, Paris, Anthropos, 1968.

-, *Grundrisse : Chapitre du capital,* Paris, Anthropos, 1968.

-, *Grundrisse : Chapitre du capital*, Paris, Anthropos, 1968.

-, *Grundrisse : Plus value et profit*, Paris, Anthropos, 1968.

-, *Grundrisse : Travaux annexes*, Paris, Anthropos, 1968.

-, *Le 18 Brumaire de Louis Bonaparte*, Paris, Éditions La Table Ronde, 2001.

-, *Les luttes de classes en France (1848-1850)*, Paris, Éditions La Table Ronde, 2001.

-, « L'éditorial du numéro 179 de la « Gazette de Cologne » », in Karl MARX et Friedrich ENGELS, *Sur la religion*, Paris, Éditions Sociales, 1972.

-, *Manuscrits économico-philosophiques*, Paris, Vrin, 2007.

-, *Manuscrits de 1844*, Paris, Éditions Sociales, 1969.

-, *Misère de la philosophie*, Paris, Éditions Sociales, 1972.

-, *Œuvres III, Philosophie*, Paris, Éditions Gallimard, 1982.

-, « Préface à la critique de l'économie politique » in Karl MARX, *Contribution à la critique de l'économie politique*, Paris, Éditions Sociales, 1957.

-, « Préface à la thèse de doctorat : Différence entre la philosophie de la nature de Démocrite et d'Epicure », in Karl MARX et Friedrich ENGELS, *Sur la religion*, Paris, Éditions Sociales, 1972.

-, La *Question juive*, Paris, UGE, 1968.

-, *Travail salarié et capital, salaire, prix et profit*, URSS, Éditions du Progrès, 1978.

-, « Thèses sur Feuerbach », in Karl Marx et Friedrich Engels, *L'Idéologie allemande*, Paris, Éditions Sociales, 1968.

-, « Marx à Paul Annenkov Bruxelles 28 Décembre 1846 », in Karl MARX et Friedrich ENGELS, *Etudes philosophiques*, Paris, Éditions Sociales, 1961.

-, « Marx à Joseph Weydemeyer 5 Mars 1852 », in Karl MARX et Friedrich ENGELS, *Etudes philosophiques*, Paris, Éditions Sociales, 1961.

« Marx à Arnold Ruge, Cologne le 13 Marx 1843 », in Karl MARX et Friedrich ENGELS, *Correspondances, Tome I, Novembre, Novembre 1835- Décembre 1848*, Paris Éditions Sociales, 19.

Auteurs et Ouvrages consultés

ANDRE Akoun, *L'illusion sociale*, Paris, PUF, 1989.

ARTOUS Antoine, *Marx, l'État et la politique*, Paris, Syllepses, 1999.

AZIZA Hamaid Ben, *Le statut du politique chez Marx*, Tunis/ Alif, Éditions de la Méditerranée, 1997.

AVENAS Denis et alii, *Contre Althusser. Pour Marx*, Paris, Éditions de la Passion, 1999.

ALVATER Elmar et alii, *En partant du « Capital »*, Paris, Anthropos, 1968.

ARVON Henri, *Ludwig Feuerbach ou la transformation du sacré*, Paris, PUF, 1957.

AXELOS Kostas, *Marx penseur de la technique (De l'aliénation à la conquête du monde)*, Paris, Édition de Minuit, 1961.

ALTHUSSER Louis, *Eléments d'autocritique*, Paris, Hachette, 1974.

-, *Lénine et la philosophie suivi de Marx et Lénine devant Hegel*, Paris, François Maspero, 1975.

-, *Pour Marx*, [Maspero 1965], Paris, Éditions La Découverte, 1986, 1996,2005.

-, *Réponse à John Lewis*, Paris, François Maspero, 1973.

-, *Sur la philosophie*, Éditions Gallimard, 1994.

-, *Solitude de Machiavel et autres textes*, Paris, PUF, 1998.

- *Sur la reproduction*, Paris, PUF, 1995.

-, avec BALIBAR Etienne et alii, *Lire Le Capital*, Paris, PUF, 1996.

-, « Avertissement aux lecteurs du livre I du Capital », in Karl MARX, *Le Capital I*, Paris, Éditions Garnier Flammarion, 1969.

ABENSOUR Miguel, *La démocratie contre l'État, Marx et le moment machiavélien*, Paris, Félin, 2004.

AUTIN Gautier, « Religion et économie », in Emmanuel RENAULT (dir.), *Lire les Manuscrits de 1844*, Paris, PUF, 2008.

ANSART Pierre, *Idéologies, conflits et pouvoir*, Paris, PUF, 1977.

ANGAUT Jean Christophe, « Un Marx feuerbachien ? », in Emmanuel RENAULT (dir.), *Lire les Manuscrits de 1844*, Paris, PUF, 2008.

ASSOUN Paul Laurent, *Marx et la répétition historique*, Paris, PUF, 1978.

BADIOU Alain, *Peut-on penser la politique ?*, Paris, Éditions du Seuil, 1985.

-, *Le concept de modèle*, Paris, Fayard, 2007.

-, *L'hypothèse communiste*, Nouvelles Éditions Lignes, 2009.

-, avec BALMES François, *De l'idéologie*, Paris, François Maspero, 1976.

BARAQUIN Albert, « Introduction à la critique du droit politique hégélien », in Karl MARX, *Critique du droit politique hégélien*, Paris, Éditions Sociales, 1975.

BAUER Bruno, *La trompette du jugement contre Hegel, l'Athée et l'antéchrist. Un ultimatum*, Paris, Aubier Montaigne, 1972.

BALIBAR Etienne, *Cinq études sur le matérialisme historique*, Paris, François Maspero, 1974.

-, *La philosophie de Marx*, Paris, Éditions La Découverte, 1993.

-, *Sur la dictature du prolétariat*, Paris, François Maspero, 1976.

-, avec LUPORINI Cesare et TOSEL André, *Marx et sa critique de la politique*, Paris, François Maspero, 1979.

BARTOLI Henri, *La doctrine économique et sociale de Karl Marx*, Paris, Éditions du Seuil, 1950.

BAUDRILLARD Jean, *La société de consommation*, Éditions Denoël, 1970.

BAECHELER Jean, *Qu'est ce que l'idéologie ?,* Éditions Gallimard, 1976.

BENSUSSAN Gérard, *Marx le sortant*, Paris, Hermann, 2007.

-, *Moses Hess. La philosophie, le socialisme (1836-1845)*, Georg olms Verlag. Hildesheim, Zürich, New York, 2004.

BERTOCCHI Jean Louis, *Marx et le sens du travail*, Paris, Éditions Sociales, 1996.

BERTRAND Michèle, *Le statut de la religion chez Marx et Engels*, Paris, Éditions Sociales, 1979.

BIDET Jacques, *Que faire du « Capital » ? Matériaux pour une refondation*, Paris, Klincksieck, 1985.

-, *Explication et reconstruction du « Capital »*, Paris, PUF, 2004.

-, avec DUMENIL Gérard, *Altermarxisme. Un autre marxisme pour un autre monde*, Paris, PUF, 2007.

-, « Engels et la religion », in *Philosophie et religion* (Centre d'études et de recherches marxistes) Paris, Éditions Sociales, 1974.

-, « Les philosophes n'ont fait jusqu'à présent qu'interpréter diversement *Le Capital*. Pourquoi il faut aussi le transformer. Et comment ? », in Franck FISCHBACK (dir.), *Marx Relire Le Capital*, Paris, PUF, 2009.

BIGO Pierre, *Marxisme et humanisme, Introduction à l'œuvre de Karl Marx*, Paris, PUF, 1961.

BRETON Stanislas, *Marxisme et critique*, Paris, Desclée, 1978.

BOTTIGELLI Emile, « Présentation des *Manuscrits de 1844* », in Karl MARX, *Manuscrits de 1844*, Paris, Éditions Sociales, 1969.

BOURGEOIS Bernard, *La pensée politique de Hegel*, Paris, PUF, 1969.

-, *Etudes hégéliennes*, Raison et déraison, Paris, PUF, 1992.

BOURDIEU Pierre, *Ce que parler veut dire. L'économic des échanges linguistiques*, Fayard, 1982.

BUEE Jean Michel, « Les critiques de Hegel entre 1843 et 1845 », in Emmanuel RENAULT (dir.), *Lire les Manuscrits de 1844*, Paris, PUF, 2008.

CABRAL Amilcar, *L'arme de la théorie*, Paris, Maspero, 1975.

CALVEZ Jean Yves, *La pensée de Karl Marx*, Paris, Éditions du Seuil, [1965], 1970.

CARSIN Emmanuel, *Marx, l'action et l'histoire*, Paris Cedex 15, Ellipses, Éditions Marketing S A, 2007.

COLLIN Dénis, *Comprendre Marx*, Armand Colin, 2009.

DEBORD Guy, *La société du spectacle*, Paris, Gallimard, 1967.

DEBRAY Régis, *Critique de la raison politique ou l'inconscient religieux*, Gallimard, 1981.

DEFONTENAY Elisabeth, *Les figures juives de Marx*, Éditions Galilée, 1973.

DERRIDA Jacques, *Spectres de Marx*, Paris, Galilée, 1993.

-, *Marx et sons*, Paris, PUF, 2002.

DESROCHE Henri, *Marxisme et religions*, Paris, PUF, 1962.

D'HONDT Jacques, *L'idéologie de la rupture*, PUF 1978.

-, *De Hegel à Marx*, Paris, PUF, 1972.

DUMENIL Gérard avec BIDET Jacques, *Altermarxisme. Un autre marxisme pour un autre monde*, Paris, PUF, 2007.

-, avec LÖWY Michäel et RENAULT Emmanuel, *Lire Marx*, Paris, PUF, 2009.

FEUERBACH Ludwig, *L'essence du christianisme*, Paris, Maspero, 1973.

-, *La religion (Mort – Immortalité – Religion)*, Paris, Vrin, 1987.

-, *Manifestes philosophiques*, Paris, PUF, 1973.

-, « Contribution à la critique de la philosophie de Hegel », in Ludwig FEUERBACH, *Manifestes philosophiques*, Paris, PUF, 1973.

-, « Thèses provisoires pour la réforme de la philosophie », in Ludwig FEUERBACH, *Manifestes philosophiques*, Paris, PUF, 1973.

-, « Principes de la philosophie de l'Avenir », in Ludwig FEUERBACH, *Manifestes philosophiques*, Paris, PUF, 1973.

-, « Nécessité d'une réforme de la philosophie », in Ludwig FEUERBACH, *Manifestes philosophiques*, Paris, PUF, 1973.

FISCHBACH Franck, *La production des hommes. Marx avec Spinoza*, Paris, PUF, 2005.

-, *Sans objet. Capitalisme, subjectivité, aliénation*, Paris, Vrin, 2009.

-, « Comment le capital capture le temps ? », in Franck FISCHBACH (dir.*), Marx Relire Le Capital*, Paris, PUF, 2009.

-, « « Possession » versus « expression » : Marx, Hess et Fichte », in Emmanuel RENAULT (dir.) *Lire les Manuscrits de 1844*, Paris, PUF 2008.

-, « Présentation des *Manuscrits économico-philosophiques* », in Karl MARX, *Manuscrits économico-philosophiques*, Paris, Vrin, 2007.

-, « De « la philosophie de l'action » à la théorie de l'activité vitale et sociale », in Gérard BENSUSSAN, *Moses Hess. La philosophie, le socialisme (1836-1845)*, Georg olms Verlag. Hildesheim, Zürich, New York, 2004.

FREUD Sigmund, *L'avenir d'une illusion*, Paris, PUF, 1995.

-, *Totem et tabou*, Paris, Éditions Point, 2010.

-, *Moïse et le monothéisme*, Paris, Gallimard, 1948.

-, *Malaise dans la civilisation*, Éditions Point, 2010

-, « Psychologie des foules et analyse du moi », in Sigmund FREUD, *Essais de psychanalyse*, Paris, Éditions Payot et Rivages, 2001.

FURET François, *Marx et la révolution française*, Flammarion, 1986.

GABEL Joseph, *La fausse conscience*, Paris, Éditions de Minuit, 1962.

-, *La réification*, Paris, Éditions, Allia, 2009.

GARAUDY Roger, *Karl Marx*, Paris, Éditions Seghers, 1964.

GARO Isabelle, *L'idéologie ou la pensée embarquée*, Paris, La Fabrique, 2009.

-, *Marx, une critique de la philosophie*, Éditions du Seuil, Février 2000.

-, « Hegel, Marx et la critique du libéralisme », in Etienne BALIBAR et Gérard RAULET (dir.), *Marx démocrate. Le Manuscrit de 1843*. Paris, PUF, 2001.

GOLDMANN Lucien, *Lukács et Heidegger*, Paris, Éditions, Denoël, 1973.

HABERMARS Jürgen, *La technique et la science comme idéologie*, Paris, Gallimard, 1973.

-, *Après Marx*, Librairie Hachette, 1997.

HAI HAC Tran, *Relire Le Capital, Marx, une critique de l'économie politique et objet de la critique de l'économie politique, Tome I*, Cahiers libres, Éditions Page deux, 2003.

HABER Stéphane, *L'aliénation. Vie sociale et expérience de la dépossession*, Paris, PUF, 2007.s

-, *L'homme dépossédé, une tradition critique de Marx à Honneth*, Paris, Cnrs, 2009.

-, « « Le naturalisme accompli de l'homme » : travail aliéné et nature », in Emmanuel RENAULT (dir.) *Lire les Manuscrits de 1844*, Paris, PUF 2008.

HEGEL G. W. F, *Phénoménologie I*, Gallimard, 1993.

-, *Phénoménologie de l'esprit II*, Gallimard, 1993.

-, *La philosophie de l'histoire*, Paris, Librairie Générale Française, 2009.

-, *Principes de la philosophie du droit*, Paris, PUF, 1998.

-, *Leçons sur le droit naturel et la science de l'État*, Paris, Vrin, 2002.

-, *La raison dans l'histoire,* Librairie Plon, 1965.

-, *Leçons sur l'histoire de la philosophie*, Paris, Gallimard, 1954.

HENRY Michel, *Marx*, Gallimard, 1976.

HYPPOLITE Jean, *Introduction à la philosophie de l'histoire de Hegel*, Éditions du Seuil, Novembre 1983.

HESS Moses, « De l'essence de l'argent », in Elisabeth DEFONTENAY, *Les figures juives de Marx*, Éditions Galilée, 1973.

-, « Socialisme et communisme. Philosophie de l'action. Les derniers philosophes », in Gérard BENSUSSAN, *Moses Hess. La philosophie, le socialisme (1836-1845)*, Georg olms Verlag. Hildesheim, Zürich, New York, 2004.

HONNETH Axel, *La réification. Petit traité de théorie critique*, Gallimard, 2007.

JAKUBOWSKI Franz, *Les superstructures idéologiques dans la conception matérialiste de l'histoire*, Paris, EDI, 1976.

JOSA Solange Mercier, *Retour sur le jeune Marx. Deux études sur le rapport de Marx à Hegel dans les Manuscrits de 1844 et dans le Manuscrit de Kreuznach*, Paris, Méridiens Klincksieck, 1986.

-, *Pour lire Hegel et Marx*, Paris, Éditions Sociales, 1980.

-, *Entre Hegel et Marx. Points cruciaux de la philosophie hégélienne du droit*, Paris, l'Harmattan, 1999.

KERVEGAN Jean François, « Présentation des *Principes de la philosophie du droit* », in G.W. F. HEGEL, *Principes de la philosophie du droit*, Paris, PUF, 1998.

KOSIK Karel, *La dialectique du concret*, Paris, Maspero, 1978.

KORSCH Karl, *Marxisme et philosophie*, Éditions de Minuit, 1964.

KOFMAN Sarah, *Camera obscura de l'idéologie*, Éditions, Galilée, 1973.

LEFEBVRE Henri, *Hegel, Marx, Nietzsche ou le royaume des ombres*, Paris, Casterman, 1975.

-, *Sociologie de Marx*, PUF, 1974.

-, *Le matérialisme dialectique*, Paris, PUF 1957.

-, *Pour connaître la pensée de Karl Marx*, Bordas, 1966.

LENINE, *Que faire ?* , Paris, Éditions Sociales, 1971.

-, « L'État et la révolution », in *Marx, Engels, Marxisme*, Moscou, Éditions du Progrès, 1981.

-, « Les trois sources et les trois parties constitutives du marxisme », in *Marx, Engels, Marxisme*, Moscou, Éditions du Progrès, 1981.

-, *Matérialisme et empiriocriticisme*, Paris, Éditions Sociales, 1973.

-, *Cahiers philosophiques*, Paris, Éditions Sociales, 1973.

LÖWY Michäel, *La théorie de la révolution chez le jeune Marx*, Paris, Maspero, 1970.

-, avec DUMENIL Gérard et RENAULT Emmanuel, *Lire Marx*, Paris, PUF 2009.

LUKÁCS Georg, *Histoire et conscience de classe*, Paris, Éditions de Minuit, 1960.

-, *Le jeune Hegel II*, Paris, Gallimard, 1981.

-, *Le jeune Marx. Son évolution philosophique de 1840 à 1844*, Paris, Éditions de la Passion, 2002.

-, *La théorie du roman*, Paris, Denoël Gonthier, 1979.

LUPORINI Cesare « Le Politique et l'étatique : une ou deux critiques », in BALIBAR Etienne, LUPORINI Cesare et

TOSEL André, *Marx et sa critique de la politique*, Paris, Maspero, 1979.

LYOTARD Jean François, *Le différend*, Paris, Éditions de minuit, 1983.

MANDEL Ernest, *La formation de la pensée économique de Karl Marx*, Paris, Maspero, 1967.

MARCUSE Herbert, *Eros et civilisation*, Paris, Éditions de Minuit, 1963.

-, *L'homme unidimensionnel*, Parsi, Éditions de Minuit, 1968.

-, *Philosophie et révolution*, Paris, Éditions Denoël, 1969.

-, *Raison et révolution. Hegel et la naissance de la théorie sociale*, Paris, Éditions de Minuit, 1968.

MARZANO Michela, *Extension du domaine de la manipulation de l'entreprise à la vie privée*, Paris, Grasset, 2008.

MCLELLAN David, *Les jeunes hégéliens et Karl Marx*, Paris, Payot, 1972.

MEHEUST Bertrand, *La politique de l'oxymore*, Paris, Éditions de la Découverte, 2009.

NAVILLE Pierre, *De l'aliénation à la jouissance*, Paris, Éditions Anthropos, 1970.

NIETZSCHE Friedrich, *L'antéchrist. Anathème contre le christianisme*, Éditions Benoît Jacob, 2002.

-, *La généalogie de la morale*, Gallimard, 1964.

-, *Ainsi parlait Zarathoustra*, Paris, Gallimard, 1950.

-, *Le crépuscule des idoles,* Paris, Flammarion, 1985

NKRUMAH Kwame, *Consciencisme, Paris,* Présence africaine, 1976.

OLLMAN Bertell, *La dialectique mise en œuvre, le processus d'abstraction dans la méthode de Marx,* Paris, Syllepse, 2005.

OSIER Jean Pierre « Présentation de *L'essence du christianisme* », in Ludwig FEUERBACH, *L'essence du christianisme*, Paris, Maspero, 1973.

PASUKANIS Evgeny, *La théorie générale du droit et le marxisme*, Paris, EDI, 1970.

PAPAIOANNOU Kostas, *De la critique du ciel à la critique de la terre : itinéraire philosophique du jeune Marx*, Paris IV, Éditions Allia, 1998.

-, *L'idéologie froide. Essai sur le dépérissement du marxisme*, Paris, Éditions de l'Encyclopédie des nuisances, 2000.

POSTONE Moishe, « Théorie critique et réflexivité historique », in Franck FISCHBACH (dir.), *Marx Relire Le Capital*, Paris, PUF, 2009.

RANCIERE Jacques, *La leçon d'Althusser*, Paris, Gallimard, 1974.

-, avec Althusser et alii, *Lire Le Capital*, Paris, PUF, 1996.

RENAULT Emmanuel, *Marx et l'idée de critique*, Paris, PUF, 1995.

-, *Le vocabulaire de Marx*, Ellipses, 2001.

-, avec DUMENIL Gérard et LOWY Michaël, *Lire Marx*, Paris, PUF, 2009.

-, « Le Droit dans la critique hégélienne du droit », in Etienne BALIBAR et Gérard RAULET (dir.), *Marx démocrate. Le Manuscrit de 1843*, Paris, PUF, 2001.

-, « Qu'y a-t-il au juste de dialectique dans *Le Capital* de Marx ? », in Franck FISCHBACH (dir.), *Marx Relire Le Capital*, Paris, PUF, 2009.

-, « Comment lire les *Manuscrits de 1844* ? », in Emmanuel RENAULT (dir.), *Lire les Manuscrits de 1844*, Paris, PUF, 2008.

ROUBINE Isaak, *Essais sur la théorie de la valeur de Marx*, Parsi, Maspero, 1977.

RUBEL Maximilien, *Marx critique du marxisme*, Paris, Payot et Rivages, 2000.

-, Karl *Marx. Essai de bibliographie intellectuelle*, Paris, Marie Rivière et Cie, 1957.

ROSDOLSKY Roman, *La genèse du « Capital » chez Marx.1. Méthodologie. Théologie de l'argent. Procès de production*, Paris, Maspero, 1978.

SARR Ousmane, *Le problème de l'aliénation. Critique des expériences dépossessives de Marx à Lukács*, Paris, Harmattan, 2012.

-, *La critique de l'aliénation chez Marx*, (thèse de doctorat), Université Paris-Ouest-Nanterre-La-Défense, 24 mars 2012.

-, *La critique marxienne de l'idéologie chez Marx et sa portée philosophique*, (mémoire de maîtrise), Université Cheikh Anta Diop de Dakar, année universitaire 2006-2007.

SCHMIDT Alfred, *Le concept de nature chez Marx*, Paris, PUF, 1994.

SEVE Lucien, *Marxisme et théorie de la personnalité*, Paris, Éditions Sociales, 1969.

-, *Une introduction à la philosophie marxiste*, Paris, Éditions Sociales, 1980.

-, « Analyses marxistes de l'aliénation : religion et économie politique », in *Philosophie et religion* (Centre d'Etudes et de Recherches Marxistes), Paris, Éditions Sociales, 1974.

SENGHOR Léopold Sédar, « Marxisme et humanisme », in Léopold Sédar SENGHOR, *Liberté 2. Nation et voie Africaine du socialisme*, Éditions du Seuil, 1971.

STOYANOVITCH Konstantin, *La pensée marxiste et le droit*, Paris, PUF, 1974.

TORT Patrick, *Marx et le problème de l'idéologie*, Paris, l'Harmattan, 2006.

TOSEL André, « Les critiques de la politique chez Marx », in BALIBAR Étienne, LUPORINI Cesare et TOSEL André, *Marx et sa critique de la politique*, Paris, Maspero, 1979.

TSE-TOUNG, *De la contradiction*, in Mao TSE-TOUNG, *Œuvres Complètes Tome I*, 1937.

-, *De la pratique,* in Mao TSE-TOUNG, *Œuvres Complètes Tome I*, 1937.

VADEE Michel, *Marx penseur du possible*, Paris, Méridiens Klincksieck, 1992.

VOITURIEZ Tancrède, *Les lois de l'économie*, Paris, Grasset, 2010.

WACKENHEIM Charles, *La faillite de la religion d'après Karl Marx*, PUF, 1963.

WEIL Eric, *Hegel et l'État*, Paris, Vrin, 1974.

WITTMANN David, « Les sources du concept d'aliénation », in Emmanuel RENAULT (dir.), *Lire les Manuscrits de 1844*, Paris, PUF, 2008.

ZIZEK Slavoj, *La subjectivité à venir. Essais critiques*, Flammarion, 2006.

TABLE DE MATIÈRES

L'HARMATTAN, Italia
Via Degli Artisti 15 ; 10124 Torino

L'HARMATTAN HONGRIE
Könyvesbolt ; Kossuth L. u. 14-16
1053 Budapest

L'HARMATTAN BURKINA FASO
Rue 15.167 Route du Pô Patte d'oie
12 BP 226 Ouagadougou 12
(00226) 76 59 79 86

ESPACE L'HARMATTAN KINSHASA
Faculté des Sciences Sociales, Politiques et Administratives
BP243, KIN XI ; Université de Kinshasa

L'HARMATTAN GUINÉE
Almamya Rue KA 028 en face du restaurant le cèdre
OKB agency BP 3470 Conakry
(00224) 60 20 85 08
harmattanguinee@yahoo.fr

L'HARMATTAN CÔTE D'IVOIRE
M. Etien N'dah Ahmon
Résidence Karl / cité des arts, Abidjan-Cocody 03
BP 1588 Abidjan 03
(00225) 05 77 87 31

L'HARMATTAN MAURITANIE
Espace El Kettab du livre francophone
N° 472 avenue Palais des Congrès,
BP 316 Nouakchott
(00222) 63 25 980

L'HARMATTAN CAMEROUN
Immeuble Olympia face à la Camair
BP 11486 Yaoundé
(237) 458.67.00/976.61.66
harmattancam@yahoo.fr

L'HARMATTAN SÉNÉGAL
« Villa Rose », rue de Diourbel X G, Point E
BP 45034 Dakar FANN
(00221) 33 825 98 58 / 77 242 25 08
senharmattan@gmail.com

L'HARMATTAN MALI
Rue de Leipzig, face au Palais de la culture,
Porte 203, Badalabougou, Bamako
00 223 20 22 57 24 / 00 223 76 37 80 82
pp.harmattan@gmail.com

648933 - Avril 2016
Achevé d'imprimer par

1livre.com
du rêve à la réalité !